MEJORES LÍDERES

Pedro Díaz Ridao

Prólogo de Emilio Butragueño

MEJORES LÍDERES

MADRID | CIUDAD DE MÉXICO | BUENOS AIRES | BOGOTÁ
LONDRES | SHANGHÁI

Comité Editorial: Santiago de Torres (presidente), Germán Castejón, Guillermo Cisneros, M.ª Teresa Corzo, Marcelino Elosua, Almudena García Calle, José Ignacio Goirigolzarri, Santiago Íñiguez de Onzoño, Luis Huete, Pilar López, Pedro Navarro, Manuel Pimentel y Carlos Rodríguez Braun.

Colección Viva
Editorial Almuzara S.L
Parque Logístico de Córdoba, Ctra. Palma del Río, Km 4, Oficina 3
14005 Córdoba.
www.LIDeditorial.com
www.almuzaralibros.com

A member of:

businesspublishersroundtable.com

EAN-ISBN13: 978-84-11318-70-9
Directora editorial: Laura Madrigal
Editora de mesa: Paloma Albarracín
Corrección: Cristina Matallana
Maquetación: produccioneditorial.com
Diseño de portada: Palomares/Javier Perea
Impresión: Cofás, S.A.
Depósito legal: CO-1276-2023

Impreso en España / Printed in Spain

Primera edición: julio de 2023

Te escuchamos. Escríbenos con tus sugerencias, dudas, errores que veas o lo que tú quieras. Te contestaremos, seguro: *info@lidbusinessmedia.com*

A María, Hugo, Milo y Nico
mis mejores líderes.

Índice

Prólogo

Todos tenemos un camino en la vida. Después de cincuenta y nueve años parece que el mío tiene cierta relación con un balón de fútbol. Siendo mi padre socio del Real Madrid desde 1943, es razonable entender mi vínculo emocional con este club. El día que nací salió del hospital hacia las oficinas del club para hacerme también socio madridista. En cuanto pudo me llevó con él al estadio Santiago Bernabéu a presenciar desde nuestro asiento, en el segundo anfiteatro, todos los partidos de nuestro querido equipo. En cada una de esas inolvidables jornadas se fue gestando mi enorme pasión por el Real Madrid.

La vida fue tan generosa que, algunos años después, disfruté de un lugar mucho más privilegiado en el Bernabéu: el terreno de juego. Vestía de blanco y era uno de los integrantes de aquel grupo de jugadores que tenía como gran objetivo hacer felices a nuestros leales aficionados.

Pero todo tiene un comienzo y el mío fue el patio del colegio. Ahí desarrollé mi intuición y mi amor por este maravilloso deporte. Pero lo curioso es que, con diez años, por un capricho del destino, empecé a jugar al baloncesto con el equipo del colegio. Y durante tres años, hasta los trece, sorprendentemente, no toqué un balón de fútbol. Entonces, una circunstancia muy particular, otro guiño del destino, provocó que regresara a mi punto de partida. A partir de ese momento, la vida me fue preparando para algo que jamás me podría haber imaginado: que mi vocación se convirtiera en mi profesión.

Hoy en día sería imposible pensar que un chico de dieciocho años llegue a ser profesional sin pertenecer desde muy joven a la estructura de un club. Sin embargo, ese fue mi caso. Me incorporé al Real Madrid con dieciocho años procedente del Colegio Calasancio. En menos de tres años había debutado en el primer equipo y fui convocado por la selección española para el Campeonato de Europa de Selecciones Nacionales que se organizó en Francia en 1984. Algo insólito había sucedido. Un colegial enclenque y que nunca había jugado en un campo de hierba natural se convirtió, en menos de treinta meses, en jugador profesional del Real Madrid. ¿Por qué? Porque cada uno tenemos nuestro camino.

Recuerdo como si fuera hoy el día que entré por primera vez en el vestuario del primer equipo del Real Madrid. Allí estaban Juanito, Camacho, Santillana, Stielike, Miguel Ángel, Del Bosque, García Remón... Todos ellos leyendas a los que yo siempre admiré. Y ahí estaba yo, a su lado, con el único objetivo de ser un digno compañero y con el afán de quedarme ahí para siempre. Muchas veces me he preguntado dónde estaba la magia del Real Madrid, cuál era la razón del éxito permanente de nuestro club. Pronto lo descubrí: esos jugadores personificaban los valores que nos habían transmitido las figuras gigantescas de este club como Santiago Bernabéu, Alfredo di Stéfano o nuestro presidente de honor, Paco Gento.

Ese legado fue pasando de generación en generación como la razón de ser de nuestra existencia, y la herencia estaba muy presente en ese vestuario que, con tanto cariño, me recibió en febrero de 1984. Esos jugadores fueron un ejemplo constante para mí y me enseñaron a entender que el Real Madrid no es solo un club de fútbol, sino una filosofía de vida. Esa esencia es la que ha permitido a nuestro club alcanzar metas inimaginables y convertirse en una organización prestigiosa y admirada de la que todos los madridistas nos sentimos tan orgullosos. Los valores que ellos me enseñaron y transmitieron son los que han marcado mi vida desde entonces. Esos principios determinan mi comportamiento y me ayudan a tomar las decisiones que caracterizan la senda por la que transito en la vida. Mi gratitud hacia ellos será eterna.

Esos valores están presentes en nuestro día a día y en todo lo que la entidad emprende. La Escuela Universitaria Real Madrid-Universidad Europea es un ejemplo de ello. Un proyecto educativo que comenzó en 2006 y que hoy es una realidad sólida y exitosa que nos llena de satisfacción a todos los madridistas.

Los valores son los que diferencian a las personas y a las organizaciones. Determinan nuestro carácter y la manera en la que nos vamos a relacionar con los demás. En un mundo tan cambiante y que avanza con tanta rapidez, los valores se convierten en un apoyo imprescindible para afrontar cada reto y cada desafío.

La integridad es uno de esos valores que determinan nuestra personalidad. Debemos aspirar a ser modélicos en nuestro comportamiento y a ser un ejemplo para los demás. Nuestro destino se construye con esfuerzo, sacrificio y afán de superación, desde la honestidad y la ética.

Otro valor fundamental es el espíritu emprendedor. Santiago Bernabéu lo ejemplificó siendo pionero y visionario de lo que iba a ser un Real Madrid de leyenda. Construyó nuestro estadio en los años cuarenta y fue uno de los creadores de la Copa de Europa, la actual Champions League. Gracias a ese atrevimiento y convicción en sus ideas nuestro legendario presidente cambió la historia del Real Madrid y la historia del fútbol mundial.

Sería imposible explicar el Real Madrid sin la cultura del trabajo en equipo. Entendemos que el talento individual debe estar siempre al servicio del grupo. Si el equipo gana, todos ganamos. Esta es una de las indiscutibles razones de nuestro éxito. Como afirmaba Alfredo di Stéfano: «Ningún jugador es tan bueno como todos juntos».

El liderazgo ha marcado nuestra historia como club. El Real Madrid tiene como objetivo permanente ser el mejor. Forma parte de nuestro ADN. Nuestro nivel de exigencia nos hace ser ambiciosos en la búsqueda del éxito. Y en nuestros 116 años de historia todos los que hemos formado parte de este club sabemos que ser segundo no es suficiente. Y no solo en los terrenos de juego. Trabajamos cada día para ser líderes en lo deportivo, en lo económico, en lo social y en lo solidario.

Siempre aspiramos a la excelencia. En el Real Madrid no hay tiempo para ser complaciente. La última conquista, el último logro, es el punto de partida para la siguiente gesta. Estamos orgullosos de lo conseguido, pero siempre aspiramos a más. Este afán de superación nos ha permitido afrontar lo imposible, y esa confianza en nuestras posibilidades implica no rendirnos nunca. Forma parte de nuestra genética. El Real Madrid ha ido abriendo nuevos caminos a lo largo de su historia, siempre con el compromiso de dar lo máximo en cada paso. Así ha sido y así seguirá siendo.

Conocí a Pedro Díaz Ridao hace más de una década y hemos vivido juntos el crecimiento de la Escuela Universitaria Real Madrid-Universidad Europea. Este libro refleja con precisión la cualidad de Pedro de profundizar en el hecho de que las experiencias del pasado y las ilusiones del futuro se unen para crear nuestro presente; un presente basado en unos valores que debe dar sentido a nuestra vida y permitirnos crecer como personas y como profesionales.

Este libro es, sin duda, un instrumento para profundizar en uno mismo y para hacer más sólidas las convicciones individuales al servicio de la sociedad.

Confío, querido lector, que disfrutes de su lectura y que, cuando lo termines, como me ha sucedido a mí, te asalten muchas preguntas e inquietudes. Como escribió Gabriel García Márquez en *Cien años de soledad*: «Las cosas tienen su vida propia, todo es cuestión de despertarles el ánima».

Emilio Butragueño Santos
Director de Relaciones Institucionales del Real Madrid C. F.
y director general de la Escuela Universitaria
Real Madrid-Universidad Europea

Introducción
Cómo empujar nuestro talento hacia la acción

«Siempre es el momento adecuado
para hacer lo correcto».
Martin Luther King

A veces no podemos dejar de hacer lo que hemos hecho siempre. Este fenómeno, al que yo llamo *inercia limitante,* hace que continuemos con lo que ya nos ocupa y a la vez evita que saquemos tiempo para hacer algo diferente, que nos preguntemos si podemos aportar valor desde otro ángulo o si queremos construir algún proyecto nuevo.

Por suerte hoy más que nunca tenemos la posibilidad de romper esa inercia. En un mundo al que el sociólogo polaco Zygmunt Bauman denomina *sociedad* o *modernidad líquida*[1], donde lo que antes era sólido ahora puede no durar toda la vida (matrimonio, trabajo, etc.), tenemos la oportunidad de aprovechar la libertad de la que gozamos para pasar de la intención a la acción y generar el futuro que deseamos.

Por otro lado, el liderazgo tiene más de infinito que nunca ya que, cuanto más cambian las competencias que demandan nuestros trabajos, más debemos recurrir a nuestro núcleo interior para sacarlas de nuestra mochila de experiencias.

Este libro es el resultado del choque de muchas experiencias, el fruto del encuentro entre diez años de anotaciones escritas y cinco de investigación. Notas, datos, historias y entrevistas que sentía que debían ser compartidas para que pudieran servir de inspiración a otros como lo hicieron conmigo cuando las descubrí. Reflexiones que pretenden ir un paso más allá en la concepción del *talento* para evitar que se convierta en una palabra manida. Y qué mejor forma de hacerlo que desde la base, desde su esencia. De ahí los ocho rasgos que desgrano en el libro. Ocho cualidades que nos explican qué precisamos para pasar a la acción. Ocho factores relacionados no solo con el éxito en la creación de proyectos, sino con algo mucho más importante: la generación de líderes más completos, de personas preparadas para lo que la nueva industria profesional demanda. Lo que requiere actualmente y lo que nos va a demandar en los próximos años, a tenor de lo reflejado en el informe del Foro Mundial de Davos sobre las habilidades que necesitaremos en 2020[2]. Pero, más que formarnos para lo que nos va a pedir la industria o lo que precisarán nuestros propios trabajadores, esta obra pretende ayudarnos a ser nosotros quienes hagamos esa elección.

El informe *Millennial careers: 2020 vision*[3] de Manpower también evidencia que el éxito reside cada vez más en las habilidades que en tener los contactos adecuados. Gracias a internet y a las redes sociales, los contactos son mucho más fáciles de conseguir; por tanto, el foco está más que nunca en las habilidades y en la formación. Otro informe de la misma compañía revela que el 45 % de los empleadores no logran encontrar las habilidades que requiere en el mercado[4] y la palabra más utilizada por los departamentos de selección es aprendibilidad (*learnability*): las empresas buscan a trabajadores que tengan el deseo y la capacidad de desarrollar habilidades a largo plazo. Ya no importa tanto qué tenemos, sino qué podemos tener en el futuro. Ya no nos evalúan tanto por lo que hemos hecho, sino por lo que somos capaces de aprender y poner en práctica. Y hemos pasado de ser consumidores de trabajo a constructores de talento, de ser obreros a ser creativos, pero en muchos casos no nos han dado las herramientas.

En una encuesta realizada a 1293 directores generales de empresa por la consultora PriceWaterhouseCoopers[5], el 63 %

estimaba que la globalización ha ayudado considerablemente a lograr una mayor conectividad. Sin embargo, el 82 % opinaba que el mundo se está moviendo hacia un ecosistema fragmentado y con más y más reglas y valores diferentes entre países. Esto también se reflejó en el título del Foro de Davos de 2018: «Creando un futuro compartido en un mundo fracturado[6]». Otro dato, también alarmante, muestra que solo el 18 % piensan que la conectividad y la globalización han contribuido a reducir la brecha entre los países ricos y pobres.

Este libro no pretende dar ninguna receta mágica, sino ayudarnos a realizar una fotografía de nosotros mismos y, a lo largo de sus ocho capítulos, descubrir aspectos sobre nosotros a través de historias del deporte, la empresa y la sociedad. Se trata de aspectos que nos ayudarán a potenciar las cualidades que nos harán pasar de la intención a la acción. La intención nos ayuda a soñar, pero es la acción la que nos ayuda a lograr.

Seguramente los ocho rasgos que aquí comparto no sean los más importantes, quizás falte rigor científico pese a los cinco años de investigaciones y a que a su vez se apoyan en estudios de referencia de los últimos cincuenta años. Lo que sí espero y deseo es que puedan contribuir a formar lo que nuestra sociedad necesita: mejores líderes.

CAPÍTULO

Autoeficacia
Tu carrera no te define

«No soy lo que me ha sucedido,
soy lo que elijo ser».

Carl Jung

1. De supervivientes a mejores líderes

Muchas de las decisiones que tomamos en nuestra vida nos vemos obligados a tomarlas cuando aún no nos conocemos lo suficiente. Por ejemplo, tener que decidir estudiar una carrera u otra antes de los 18 años, cuando en muchos casos todavía no sabemos lo que nos gusta realmente. Muchas personas afirman que, si volvieran a nacer —cosa por cierto poco probable—, quizás elegirían una carrera diferente. En Estados Unidos, por ejemplo, solo el 27% de los egresados afirman trabajar en algo relacionado con sus estudios[1], y lo mismo sucede en otros países, como México[2]. Parece lógico pensar que a muchos les habría gustado estudiar otra cosa porque es difícil tener las cosas muy claras a los 17 años. Además, el entorno familiar, aunque con la mejor de las intenciones, a veces hace de esta elección un camino aún más complicado. Un número muy importante de los alumnos de posgrado que he tenido a lo largo de estos doce años me ha reconocido que por primera vez tenían la oportunidad de estudiar algo que realmente les llamaba. Y todavía peor: para algunos los másteres son la carrera que uno elige... Otro motivo por el que tantas personas estudiarían una carrera distinta se debe a que, aunque aprendieron una serie de competencias y conocimientos, años más tarde sus trabajos requieren otros bien distintos. Con la perspectiva resulta fácil saber qué herramientas les habría venido mejor tener, al igual que es fácil ver en qué se equivocaron nuestros padres al educarnos, pero difícil ver en qué nos estamos equivocando nosotros ahora al educar a nuestros hijos. Las cosas tienen más sentido siempre cuando se miran hacia atrás que hacia adelante. Y también es cierto que, hasta que no necesitamos de verdad algo (por ejemplo, el inglés), resulta muy difícil que nos comprometamos a adquirir determinados conocimientos o habilidades porque hasta ese momento simplemente no los veíamos necesarios.

Una de esas personas que habría estudiado algo diferente es Ethan Zohn. Podría introducir a Ethan haciéndote la siguiente pregunta: ¿Qué harías si de repente ganaras un millón de dólares? Pero antes de contarte lo que hizo —sí, ganó un millón de dólares—, creo que es preciso que primero comparta contigo quién es Ethan. Este estadounidense, nacido en Massachusetts, no decidió qué estudiaría a los 17 años sino mucho antes, con catorce. En concreto fue minutos después de ver cómo un cáncer se llevaba a su padre. «En aquel momento decidí que sería médico y me dedicaría a salvar vidas», me cuenta Ethan mientras tomamos un té en una cafetería junto a Columbus Circle, en la ciudad de Nueva York. Nos habíamos citado allí para entrevistarle para uno de los estudios de mi tesis doctoral[3], una cita a la que Ethan acudió gustoso pese a no conocerme de nada. En aquel estudio me dediqué a entrevistar a emprendedores sociales exitosos (que tenían proyectos con un impacto consolidado) con la idea de encontrar rasgos comunes entre ellos (estudios, experiencia profesional, historial familiar, etc.) que pudieran servir para formar a mejores líderes en el futuro, a personas que creaban proyectos que trascendían, que mejoraban nuestra sociedad, en este caso a través del deporte.

Ethan siguió con el plan establecido (estudió *pre-med*[4] con la idea de ser doctor) hasta que algo se cruzó en su camino: ese algo se llamaba fútbol. Durante una estancia en Hawái para realizar una investigación en biología marina justo antes de entrar en la facultad de Medicina, Ethan hizo las pruebas en un equipo profesional de fútbol de la isla llamado Hawaii Tsunami y acabó fichando por el equipo. De pequeño había sido portero en varias ligas locales, pero jamás había pensado que podría dedicarse a aquello profesionalmente. En aquel momento decidió aparcar su sueño de ser médico por uno muy distinto: ser futbolista. Después llegarían otras experiencias en el país norteamericano y fuera de él, vivencias que le llevarían a Zimbabue como jugador del Highlanders F. C. Allí, aparte de una experiencia vital inolvidable, Ethan vivió una realidad muy amarga: ver cómo muchos conocidos, incluso compañeros de equipo, morían por culpa del sida. «Si volviera a tener 18 años, me cogería un año sabático para viajar y trabajar. En definitiva, para conocerme mejor. Así tendría las cosas más claras antes de ir a la universidad», me comenta mientras seguimos nuestra conversación en aquel Argo Tea & Coffee. En el año 2002, al poco de retirarse, Ethan decidió embarcarse en una aventura que marcaría el resto de su vida, al igual que los años universitarios marcaron el resto de la vida de muchos, entre los que me incluyo, o tantas otras experiencias vitales (el servicio militar, el primer viaje al extranjero, el primer trabajo, etc.) que han ayudado a muchos a trazar el camino que los ha llevado hasta aquí hoy. El reto que se marcó Ethan fue concursar en un *reality show* llamado *Survivor: Africa (Supervivientes)*. Y sí, como habrás imaginado, acabó ganando el concurso y embolsándose el millón de dólares. Lo interesante de su historia más que el «qué» (el hecho de que ganó) es el «cómo», ya que recibió la mayoría de votos[5] de sus compañeros y a la vez rivales porque se esforzó en tener una buena relación con todos ellos. Forjó una relación verdadera y de confianza, pese a estar en un entorno realmente hostil. «Cuando te quedas sin nada, como estábamos en aquella isla, solo te queda la esencia de quién eres. Cuando estás cansado y hambriento, para aguantar y no explotar, lo único que te queda son tus valores, tu personalidad, tu verdadera esencia...».

Uno de los aspectos que miden nuestra evolución y nuestro desarrollo personal es nuestra capacidad para relacionarnos con personas muy distintas a nosotros. Durante el concurso,

Ethan tuvo que soportar mofas e incluso bromas pesadas sobre su condición de judío por parte de uno de los concursantes. Ethan no solo aguantó, sino que acabó ganando aquel concurso. Cuando le tocó decidir qué hacer con aquel millón de dólares, cientos de pensamientos invadieron su mente, entre ellos Porsche de varios modelos y colores. Pero hubo uno que acabó ganando aquel otro concurso que tuvo lugar dentro de la mente de Ethan: su experiencia en Zimbabue, donde presenció cómo una enfermedad podía llevarse la vida de tanta gente a la que conocía, le ayudó a decidir que invertiría aquel dinero en algo mucho más grande que él, algo que trascendiera. Ese «algo» se convirtió en Grassroot Soccer, una fundación que combate el sida a través de la educación y el fútbol y cuyo trabajo comenzó en Zimbabue, Sudáfrica y Zambia y que ahora está en más de cincuenta países repartidos por todo el mundo. Aquel proyecto lo fundó junto al futbolista y pediatra Tommy Clark y, en unos pocos años, el millón de dólares se convirtió en un millón de niños que ya se han graduado en sus diferentes programas (ya supera los dos millones de beneficiarios). Pero el millón de dólares también se ha transformado en más de cien empleados, cerca de dos mil voluntarios y un presupuesto anual de nueve millones de dólares, lo que demuestra el efecto multiplicador del talento. Personalidades del deporte como David Beckham, Alex Ferguson, Freddie Ljungberg, Christen Press, Robert Pirès o Rachel Riley también han querido sumarse a este proyecto apoyando varias de sus iniciativas. Una de las más llamativas fue la que llevó al propio Ethan a recorrer 885 km a pie desde Boston hasta Washington DC para sensibilizar sobre el trabajo de Grassroot Soccer y recaudar fondos para nuevos proyectos. Eso sí, como era de esperar, el viaje no lo hizo solo: fue dándole toques a una pelota.

Aunque su profesión cambió, quizás no haya tanta diferencia en la esencia de aquel chico que iba para médico y que acabó siendo futbolista: «Realmente lo que hago en mi trabajo es salvar vidas, aunque no sea médico». A Ethan su carrera no le define, y es que es mucho más que su pasado. Él tampoco trabaja «de lo suyo», porque el talento no entiende de

> «Ser mejores líderes es saber conectar la experiencia del presente con las oportunidades del futuro».

propiedad. Él no quiere ser presa de sus estudios o su pasado y seguramente dentro de diez años esté haciendo algo distinto, como tú y como yo. Lo que verdaderamente importa no es lo que hacemos, sino que lo que hagamos tenga sentido para nosotros.

2. La autoeficacia y sus motores

La *autoeficacia,* concepto introducido por el psicólogo Albert Bandura[6] a finales de la década de 1970, es la creencia en nuestra capacidad para realizar con éxito una tarea o conseguir una meta. En otras palabras, se trata de la confianza que tenemos en nuestra capacidad para resolver las situaciones que se nos presentan en la vida. Para Bandura, si no crees que tienes la capacidad de llevar a cabo una tarea, dispondrás de menos probabilidad de comenzarla. O, incluso si lo haces, contarás con más probabilidades de tirar la toalla antes de terminarla.

Ethan Zohn representa el primer rasgo de los mejores líderes: la autoeficacia. Al igual que uno no echa a andar 885 km si piensa que no va a llegar al destino, los mejores líderes muestran la confianza de que pueden lograr los resultados que pretenden en los proyectos que emprenden o gestionan.

Muchos proceden de campos muy diferentes a sus trabajos actuales y probablemente tienen éxito debido a ello, no a pesar de ello. Es decir, aprovechan todas sus experiencias pasadas para construir confianza hacia los nuevos retos que se marcan. Para ellos, no importa si los cambios son grandes o no, sino si son necesitados, si existe ese «algo» dentro de ellos que desencadena la chispa de la acción.

La autoeficacia constituye uno de los componentes axiales de nuestra personalidad y nos ayuda a entender cómo funciona nuestra mente ante los retos a los que nos enfrentamos: a medida que completamos tareas en nuestro trabajo, cada pequeña situación de éxito incrementa nuestro nivel de autoeficacia. En otras palabras: cuanto más hacemos una tarea, más autoconfianza tenemos, y cuanta más autoconfianza tenemos, mejor hacemos la tarea. Por ejemplo, si decidimos empezar a correr, cada pequeña situación de éxito (como completar 1 km sin pararnos el primer día, una carrera de 5 km en los primeros meses, etc.) nos dará la confianza para mejorar cada día y no tirar la toalla.

Para Bandura, las fuentes de la autoeficacia son cuatro:

1. **Maestría.** La práctica diaria supone la principal fuente de desarrollo de la autoeficacia. Las «horas de vuelo» que dediquemos a una tarea nos darán esas pequeñas situaciones de éxito que alimentarán nuestra autoeficacia.

2. **Observación.** Ver cómo otros con capacidades similares a las nuestras logran completar determinadas tareas nos aporta confianza en que nosotros también podemos hacerlo. Por el contrario, ver a otros fracasar en una determinada tarea puede minar nuestra creencia de que podemos completarla.

3. **Persuasión.** Nuestro entorno también ejerce una influencia en nuestra autoeficacia: tener a personas alrededor persuadiéndonos de que tenemos la capacidad de lograr una determinada tarea hará que nos esforcemos más por conseguirlo. Qué mejores ejemplos que los entrenadores personales o nuestras parejas cuando nos animan a hacer algo que nos cuesta mucho.

4. **Estado físico-emocional.** Nuestro comportamiento también está influido por el estado físico o emocional en el que nos encontramos en ese momento concreto, y lo que nos aportará o reducirá autoeficacia no es la intensidad

de esa emoción, sino cómo la percibimos y la interpretamos. Esto explica, por ejemplo, por qué algunas personas
deciden no participar en una carrera si el día de antes
notan una ligera molestia que puede hacerles alcanzar
una marca peor de la esperada.

Bandura demostró que la motivación no es exclusivamente
intrínseca, sino que está influida por nuestro entorno tanto
como por lo que está en nuestra mente. O, lo que es lo mismo, cada aprendizaje que obtenemos nace de tres factores:
nuestras características personales (nuestra carga genética),
los patrones del comportamiento y nuestro entorno social.

Uno de los estudios de mi tesis doctoral, realizado en una
muestra de cuatrocientos estudiantes de posgrado en quince escuelas de negocio españolas, reflejó que los alumnos
que practicaban deporte mostraban mayores índices de
autoeficacia que aquellos que no lo practicaban. En concreto, se sentían más capaces de crear proyectos, de tomar
la iniciativa, de asumir responsabilidades y de desarrollar
relaciones con otros. Y este grupo de alumnos también
presentó una mayor intención de emprender que los que
no hacían deporte[7]. Esta relación positiva entre práctica
deportiva y autoeficacia podría añadirse a la larga lista de
beneficios físicos y psicosociales que posee el deporte.

Pero, además de la práctica deportiva, el estudio con alumnos de posgrado evidenció cómo existía otro factor que también aumentaba considerablemente la autoconfianza de los
estudiantes: contar con una titulación adicional. El estudio
reflejó que no se trataba tanto de qué tipo de titulación
como del hecho de estudiar en sí mismo. En otras palabras, la experiencia de haber efectuado otros estudios nos
podría aportar ese grado de autoeficacia, con independencia
de que sean unos u otros. En ese momento comenzaron a
venirme a la mente personas de mi entorno que estaban
trabajando en campos muy distintos a aquellos en los que se
habían formado. Uno de los casos más llamativos es el de un
gran amigo al que un equipo de la NFL fichó como entrenador

asistente sin tener experiencia alguna en fútbol americano. ¿El motivo? Había pasado los últimos doce años en la marina estadounidense y el equipo necesitaba a alguien metódico que aportara disciplina y un plan de trabajo donde todo estuviera controlado al detalle. Él demostró que la clave no está tanto en lo que has hecho anteriormente, sino en cómo eres capaz de unir esas experiencias con las necesidades del mercado actual o de la empresa en cuestión. Las habilidades y competencias están ahí, pero precisamos de autoeficacia, confianza, para ponernos a usarlas y aportar valor allá donde vayamos.

Otro ejemplo de proactividad y autoeficacia lo encontramos en una historia relacionada con la música reciente. Durante su estancia en Miami para la grabación de su segundo disco, titulado *El mundo y los amantes inocentes*, el cantante y compositor Pablo López iba a cumplir su sueño de conocer a Juanes en aquella tarde de jueves gracias a Jesús López, presidente de Universal Music en España y Latinoamérica, quien les había dicho a ambos que tenían que conocerse. Pablo aceptó sin pestañear y, después de dos cervezas con Juanes, «se vino arriba» —como él mismo comentaría más tarde— y se animó a proponerle que cantaran juntos una canción en ese disco. Lo curioso es que aquel «temazo» del que Pablo hablaba en realidad no existía. Él sabía que probablemente era la única oportunidad que tenía de conseguir cantar con Juanes y, en cuanto este le dijo que sí, se fue corriendo al estudio y se encerró hasta tener la canción compuesta y lista para cantar con él. La canción se llamaba «Tu enemigo» y para escribirla se inspiró en su experiencia con los controles de inmigración en Estados Unidos. «En cuanto Juanes me dijo que sí, me encerré en el estudio y escribí lo que me salió del alma pensando que la iba a cantar con él y que iba a quedar para siempre». Pablo tuvo el atrevimiento de lanzarse sin tener la canción compuesta, pero quizás el hecho de haberse lanzado fue precisamente lo que le hizo escribir una canción de enorme calidad para no defraudar a su ídolo.

En mis conversaciones con antiguos alumnos sobre el futuro suelo decirles esta frase: «Si piensas que lo que estás haciendo no te va a servir en el futuro, recuerda que Lamborghini empezó vendiendo tractores...». Y se convirtió en el mejor fabricante de tractores hasta que un día decidió ser el mejor fabricante de coches deportivos. Ser mejores líderes es saber conectar la experiencia del presente con las oportunidades del futuro y, cuando contamos con pocas oportunidades, tener la paciencia para esperar el momento de realizar esas conexiones. Pablo López no habría creado *Tu enemigo*, que acabó dándole tres discos de platino y fama mundial, si no hubiera sido por la oportunidad que le brindó Jesús López al presentarle a Juanes. Pero también es cierto que, en cuanto tuvo el contexto, fue él mismo quien se encargó de generar la oportunidad, de ser proactivo sabiendo que el momento perfecto no existe y que a veces hay que forzarlo. Pablo supo aprovechar aquel «sí» para comprometerse con Juanes y, sobre todo, con su propio talento.

> «No tengas miedo a la perfección,
> nunca la alcanzarás».
>
> Salvador Dalí

3. En la mezcla está la diferencia

Edouard Legendre ha conseguido en 25 años de trayectoria profesional lo que muchos anhelarían hacer en dos vidas y media: fue un elemento clave en el auge del patrocinio en Fórmula 1, ha trabajado en las agencias de publicidad más importantes del mundo y ha tenido la oportunidad de gestionar grandes inversiones en patrocinio de empresas como Ford, Shell, Telefónica, Barclays, Santander, etc. y de trabajar para marcas como Fórmula 1, UEFA Champions League, Real Madrid C. F. o Federación Española de Baloncesto. Pero cuando uno le conoce, lo que más llama la atención no es su currículum —que también—, sino su capacidad para pensar diferente (como buen experto en marketing) y su inconformismo por crear proyectos valiosísimos donde pocos veían el valor. Un día está gestionando el cierre de un patrocinio de decenas de millones de euros y al día siguiente está creando una estrategia para poner en valor a los panaderos españoles y desarrollar una marca España en este campo. Todo con el mismo cariño y todo con el mismo inconformismo. Aunque nos conocemos desde hace bastante, no fue hasta hace un par de años cuando me contó que a su hija le gustaba mucho la danza y que estaba recibiendo clases en la escuela del bailarín y coreógrafo Víctor Ullate, situada muy cerca de donde yo vivía. Al preguntarle a Edouard sobre qué pensaba si su hija en el futuro decidiera retrasar sus estudios universitarios para dedicarse en cuerpo y alma a la danza, me contestó: «Me parecería estupendo».

Aquello no había sido una respuesta sin pensar de Edouard —en él eso no existe—. Detrás de aquella frase escueta había varias décadas de vivencias, sumadas a la pasión de su hija por la danza. «Te voy a explicar los motivos por los que aceptaría esto como padre, aparte de que sería su decisión y lo más importante es respetarla: por mi trabajo veo más de cien currículums a la semana, todos realmente buenos, pero demasiado parecidos. La mayoría ha estudiado lo mismo, ha ido a la misma escuela de negocios, ha hecho los mismos cursos. Como empleador, si un día veo un currículum y leo que la persona ha dedicado cinco o diez años a la danza, incluso aunque esto haya supuesto retrasar sus estudios universitarios, yo sé que, si nos llega una petición urgente de un cliente y necesitamos ayuda, esta persona lo va a hacer, no es necesario que le inculque la disciplina a alguien que lleva diez años practicándola. Lo importante no es lo que hemos hecho, sino si podemos decir qué hemos aprendido con nuestras experiencias, qué nos ha enseñado el vivir en el extranjero, el estudiar una determinada carrera o el hacer un determinado deporte. Lo que yo busco son personas que sean capaces de decirme lo que han creado, que me muestren que son únicos».

Cuanto más hablamos de la importancia de las habilidades o las competencias, más necesario es conectarlas con nuestra historia de vida, mirar hacia atrás para ver lo que nos falta, pero también lo que nos sobra, aquello que hemos estado construyendo casi sin darnos cuenta. Nadie se apunta a danza porque quiere tener más disciplina; la disciplina es consecuencia de nuestra decisión. Por tanto, es interesante mirar no solo las causas de nuestras acciones, sino especialmente el impacto que han tenido en nuestras vidas. Decidir estudiar una carrera porque tenga más salidas que otra no nos asegura que seamos más empleables. En cambio, decidir estudiar una carrera, un máster, un doctorado o un deporte determinado porque nos gusta o nos llama la atención sí nos podrá dar las herramientas para conectar lo que hagamos con aquello que necesite nuestro sector dentro de unos años.

Y también puede darse una nueva paradoja: si lo que precisamos son nuevas habilidades para responder a las necesidades de un entorno volátil y cambiante y estas se traspasan de persona a persona, quizás resulte más importante elegir jefe que empresa; quizás sea más importante escoger profesor que máster...

4. Alumnos y capitanes

Enterrado en un libro de texto de psicología clínica de 1997, llamado *Comportamientos interpersonales aversivos (Aversive Interpersonal Behaviors)*, hay un capítulo titulado «Fanfarrones, *snobs* y narcisistas: reacciones interpersonales al egotismo excesivo» (*Blowhards, Snobs, and Narcissists: Interpersonal Reactions to Excessive Egotism*). El artículo de investigación concluía diciendo que las personas egocéntricas que proyectan arrogancia en su discurso y en su lenguaje corporal tienden a ser vistas menos favorablemente por otros y pueden debilitar la cohesión del grupo. Y entre sus firmantes estaba un chico llamado Tim Duncan. Duncan no era un estudiante de Psicología más en Wake Forest, era la estrella del equipo de baloncesto. Desde el momento en el que llegó a San Antonio Spurs, Duncan parecía decidido a cumplir las conclusiones que se leían en su tesis de licenciatura: nunca pidió privilegios especiales, nunca se saltó un entrenamiento, nunca se molestó si le reprobaban después de una mala actuación. Es como

«Los mejores líderes saben llegar, pero, sobre todo, saben irse».

si Duncan hubiera usado su tesis de Wake Forest como un proyecto sobre cómo ser un verdadero compañero de equipo en una liga donde los «narcisistas» y los «fanáticos» eran los señores del reino.

Esta historia, extraída del libro *The Captain Class*, del periodista Sam Walker, representa un buen ejemplo de un nuevo concepto sobre el liderazgo que el autor comparte en su obra y que está basado en el estudio de cientos de equipos deportivos: lo que marca la diferencia entre unos equipos y otros no es la calidad de los jugadores ni tampoco el entrenador: es el capitán. En el libro, Walker argumenta que el único rasgo que era común entre los equipos analizados era el de la figura del capitán: todos los equipos contaban con un líder sobre el terreno de juego que ejemplificaba la filosofía del equipo al 100 %. Uno de ellos era Duncan. A diferencia de otros capitanes-líderes, no era fan de las arengas ni de los discursos; él prefería observar, estar en un segundo plano, para así leer lo que los jugadores necesitaban. Como decía su entrenador, Gregg Popovich, «Duncan era lo opuesto a la MTV». El que fuera jugador franquicia de los Spurs había sido un estudiante aplicado y también supo conectar sus aprendizajes en aquella aula de Wake Forest con la gestión de personas en su rol de líder de los Spurs. Duncan evidenció que se puede ser tímido y a la vez un gran líder. Es más, demostró que se puede ser un gran líder gracias a la timidez, en su caso enfocada hacia la invisibilidad, hacia el hacer más que el decir. Para la historia quedarán los cinco anillos de la NBA que logró con San Antonio Spurs y haber clasificado al equipo para las eliminatorias en cada una de las 19 temporadas que disputó en el equipo tejano, un récord que el equipo continúa manteniendo. Pero quizás el récord más asombroso consiste en haberse convertido en el jugador que más partidos ha ganado con un solo equipo en toda la historia de la NBA. Como no podía ser de otra manera, Duncan fue discreto hasta en su despedida. Los mejores líderes saben llegar, pero, sobre todo, saben irse.

El que para muchos era un gran jugador algo aburrido acabó siendo un magnífico discreto jugador admirado por todos. Y lo hizo siendo fiel a su esencia y aceptándose tal y como era. Como refleja Brené Brown en su libro *Rising Strong*, «cuando negamos nuestras historias, estas nos definen. Cuando nos apoderamos de nuestras historias, conseguimos escribir el final». Duncan no negó su pasado ni su forma de ser y por tanto esto no le definió. Vivió en la cancha como vivía fuera de ella. Se apoderó de su pasado y escribió el final con el que había soñado, seguramente incluso siendo más protagonista de lo que él había imaginado...

5. Da Vinci: Letras y Ciencias

En una entrevista[8] que Adam Grant, autor de obras de referencia como *Dar y recibir, Originales* y *Opción B,* realizó a Walter Isaacson —quizás el escritor de biografías más prolífico de la historia moderna— con motivo de su libro *Leonardo Da Vinci,* este le confesó que, al leer los cuadernos de Da Vinci, lo que más le sorprendió fue comprobar que era humano, ver que cometía errores matemáticos y que incluso dejó obras por terminar.

Isaacson, además de novelista, dirige actualmente el Aspen Institute, un centro dedicado a reimaginar el futuro de la innovación y la educación. En su entrevista con Grant, el autor de la biografía de Steve Jobs argumentaba que dejar las Artes a un lado para dar aún más peso a las Ciencias en la educación podría ser un grave error. «No paro de oír que la gente tiene que aprender a programar. No, las máquinas van a hacer esto por nosotros. Lo que necesitamos saber es cómo funciona la programación, qué son un algoritmo y una secuencia lógica, pero nunca vamos a programar mejor que las máquinas. Eso nos podía servir en la década de 1970, no ahora. Ahora la revolución pasa por conectar las disciplinas entre sí, conectar la medicina, la tecnología, la música y el arte entre sí». Y proseguía con un ejemplo: «Steve Jobs apenas sabía programar, mientras que Bill Gates lo hacía muy bien. Cuando ambos se pusieron a hacer un reproductor musical, Bill produjo el Zune y Steve el iPod. Gracias a que Steve adoraba las Humanidades, supo darle importancia a la estética, supo que la belleza era importante».

Para Da Vinci la belleza y los detalles también eran de suma importancia. Sus más de 7 200 páginas llenas de anotaciones dan buena muestra de ello. Sin embargo, lo que más resalta Isaacson sobre él es la profunda curiosidad que sentía por múltiples disciplinas muy distintas entre sí. «Él era capaz de ver patrones en la naturaleza». El propio Steve Jobs, conocido por unir arte y tecnología en sus creaciones (era famosa su frase «en la intersección de las artes y la tecnología es donde sucede la creatividad»), reconoció a Isaacson que Leonardo era el maestro de los maestros en este ámbito. «Leonardo tenía la capacidad no solo de conectar arte y ciencia sino de no hacer ninguna distinción entre la belleza del arte y la de la ciencia». Un ejemplo actual de esta mezcla lo encontramos en el Hasso Plattner Institute of Design de Universidad de Stanford. En él, conocido como *d.school,* los equipos de trabajo no se forman por áreas de conocimiento, sino que se trabaja de forma multidisciplinar: estudiantes de administración de empresas, derecho, ingeniería, magisterio y medicina se juntan para crear productos innovadores.

Pero también hay quienes argumentan que en la época en la que vivió Da Vinci era mucho más fácil crear porque había menos cosas creadas, el margen era mayor. En el caso del artista italiano, a los doce años ya soldaba y realizaba trabajos de ingeniería para el arquitecto Filippo Brunelleschi. «Leonardo era un inadaptado social», prosigue Isaacson. «Era un hijo ilegítimo, nacido de brujería, gay, zurdo, vegetariano. Y sin embargo era amado por toda Florencia. Lo aceptaron como era y aceptaron que se interesara por todo». En nuestra época actual, la dificultad por acceder a la experiencia laboral desde pequeños, por aprender oficios o por apoyar a maestros expertos, nos impide adquirir destrezas que seguramente necesitaremos de mayores. Durante años critiqué —medio en broma, medio en serio— a mi madre por haberme puesto a trabajar vendiendo productos en un mercado los veranos y algunos fines de semana cuando tenía once y doce años. Con el tiempo me di cuenta de que mis habilidades sociales, mi orientación al cliente, las había estado trabajando desde pequeño y sin saberlo. Somos el fruto de los aprendizajes que hemos hecho desde pequeños y la mayoría de ellos han sido totalmente invisibles a nuestros ojos.

Para Isaacson, nos estamos aislando y especializando demasiado y, «si Da Vinci fuera hoy a la universidad, solo sé que sería multidisciplinario. Cuando la gente me pregunta sobre lo que debería estudiar, siempre le digo que haga una carrera híbrida[9], que mezcle música con física, literatura con matemáticas. Que demuestre que pueden cruzar disciplinas distintas».

Otra de las personas que ha sabido mezclar disciplinas es José Ángel Sánchez. El director general del Real Madrid se licenció en Filosofía y Letras, trabajó como director comercial en la compañía de videojuegos Sega y a su llegada en el año 2000 revolucionó el marketing del club convirtiéndolo en un ejemplo mundial, y se convirtió en una pieza fundamental en los éxitos que vendrían posteriormente. A diferencia de Duncan, Sánchez —o JAS, como lo llaman cariñosamente— lideró desde la reflexión y la palabra (utiliza un discurso cuidado y profundo), y es que, en un mundo de Ciencias, el de Letras piensa diferente, y viceversa. Lo que sí compartía (y comparte) con Duncan es su esencia de líder, basada en tres aspectos: invisibilidad, cortesía y eficacia. Su compañera y directora general adjunta, Begoña Sanz, elegida la mujer más influyente de la Industria del Deporte en España en 2015[10], también ha sabido conectar disciplinas: estudió farmacia antes de entrar en el mundo del marketing y la dirección comercial.

Da Vinci, Tim Duncan, Edouard Legendre, Pablo López y Ethan Zohn comparten un altísimo grado de curiosidad por aprender, por descubrir cosas nuevas, independientemente de su estatus. Algunos, como Leonardo, incluso hacían una lista diaria con lo que querían aprender ese día. Según el educador y experto en productividad Stephen Covey: «No somos el producto de nuestras circunstancias. Somos el producto de nuestras decisiones». Los protagonistas de este capítulo decidieron ser curiosos, probar cosas nuevas y tener una mirada de principiante pese a ser los capitanes. Decidieron crear sus propias oportunidades pese a no tener todo bajo control y adueñarse de su pasado para construir el presente que deseaban. Todos ellos mezclaron distintas disciplinas para acabar haciendo lo que realmente querían. Todos trabajan «de lo suyo», porque lo suyo es lo que han elegido.

> «Tus circunstancias presentes no determinan a dónde vas; simplemente determinan dónde comienzas».
>
> Nido Qubein

CAPÍTULO
2

Propensión al riesgo
Cambia cuando las cosas van bien

«Las oportunidades y los riesgos
siempre vienen a pares».

La gran perla de la sabiduría,
Bangambiki Habyarimana

1. Los Ángeles: Renovarse o morir

Si en vez de ser una ciudad Los Ángeles fuera una empresa,
llamémosla *Los Ángeles S.A.*, seguramente habría sido objeto de estudio en numerosas escuelas de negocio. La segunda urbe más poblada de Estados Unidos y el estandarte de
California, el estado más rico del país, es uno de los mejores
ejemplos de adaptación —incluso diría anticipación— al cambio y de permanente reinvención que podemos observar; una
transformación y una renovación planificada que ha realizado
cuando las cosas iban bien y no cuando empezaban a ir mal.

La capital angelina es conocida mundialmente por dos cosas,
que a la vez son sus dos motores económicos principales: el
turismo y la industria cinematográfica. El mítico distrito de
Hollywood, donde se instalan los estudios más importantes
de la historia del cine, es, seguramente, uno de los lugares que más interés despierta y el que más turismo atrae a la
metrópoli californiana.

El hecho de que ambas industrias sean relativamente recientes invita a preguntarse cuál era el motor económico de la
ciudad en la era pre-Hollywood y qué animó a la gente a

vivir en una urbe cuyo centro no tiene ni mar ni río y que a menudo era devastada por lluvias torrenciales[1]. La respuesta a esta pregunta contiene la clave de por qué Los Ángeles se convertiría en ejemplo de anticipación y de permanente reinvención. Y no es otra que el petróleo. Aunque la existencia del oro negro era conocida desde la época de los indios nativos americanos y los posteriores exploradores españoles[2], no fue hasta finales del siglo XIX cuando se empezaron a explotar los pozos petrolíferos de la zona. La ciudad de Los Ángeles alcanzó su máximo apogeo en el cambio del siglo XIX al XX.

Lo más interesante de ese cambio sucedió precisamente en el año 1900. Justo cuando la ciudad se había convertido en la máxima productora de petróleo del país y en referente mundial, en lugar de acomodarse en el éxito y esplendor que vivía, sus representantes políticos tomaron una decisión que marcaría el devenir de la urbe en el siglo posterior. Se marcaron como objetivo atraer a una nueva industria, la cinematográfica, y lo hicieron ofreciendo leyes más laxas que las impuestas en Nueva Jersey —la meca del cine hasta entonces— por Edison Studios. La empresa cinematográfica, propiedad del inventor y empresario Thomas Edison, controlaba prácticamente el 100 % de la producción de películas que se hacían en esa época, llegando a producir más de 1200 en sus 26 años de historia. Sin embargo, las nuevas facilidades ofrecidas por Los Ángeles, junto al mejor clima y a la gran oferta de terreno disponible, comenzaron a movilizar a los estudios de cine desde la costa este rumbo a Hollywood, que pocos años más tarde desbancó Edison Studios y se acabó transformando en la primera productora de películas de todo el mundo.

Pero el cambio no estuvo exento de polémica: el verdadero motivo del traslado a Hollywood de muchas productoras se debió a que si se saltaban las reglas de las patentes impuestas por Edison Studios podían escapar fácilmente a México dada la cercanía con el país vecino. Esta artimaña permitió a muchas productoras trabajar con mayor agilidad. También buscaban su hueco, aunque a veces fuera a costa de rozar la legalidad e incluso sobrepasarla... Apenas dos décadas después, en el momento en el que comenzó el declive de la industria petrolera debido a la producción masiva y a la caída de los precios, Los Ángeles ya tenía su sustituta, una industria que daría un nuevo apodo a la ciudad: la *capital mundial del entretenimiento*. El efecto bola de nieve llegó años más tarde y más allá del cine: televisión, videojuegos, música, educación, deporte... incluido el nacimiento de internet. Todo sucedía muy rápido y todo sucedía en Los Ángeles.

De principal industria petrolera mundial a cuna de internet, pasando por la meca del cine, Los Ángeles ha sabido evolucionar como ciudad, sobreponiéndose a las crisis que azotaron al resto, como la Gran Depresión del año 1929, de la que la urbe sería de las pocas en salir prácticamente ilesa. No hay mejor forma de sobreponerse a una crisis que anticipándose a ella. La única manera de evitar la denominada *parálisis por análisis* consiste en evolucionar en los momentos de éxito ya que, cuando las circunstancias son favorables, tanto empresas como ciudades y personas tienen la frescura para tomar decisiones de futuro sin estar condicionadas por las circunstancias del presente.

En un mundo en el que el cambio es constante, anticiparse resulta fundamental para evitar quedarse atrás. Pero para saber anticiparse es imprescindible desarrollar antes una cualidad cada vez más necesaria: aprender a gestionar el riesgo. A los emprendedores se les suele asociar con tomar riesgos, pero en realidad es todo lo contrario. Lo que de verdad les importa no es el peligro en sí, sino cómo gestionarlo y minimizarlo. Y, sobre todo, poder dedicar tiempo a analizarlo. En palabras del asesor financiero estadounidense Gary Cohn, «no invertir en la gestión del riesgo supone un negocio arriesgado».

Para que un proyecto sea exitoso es importante trabajar para que las ventajas de ese cambio sean mayores que el riesgo asociado, tener más motivos para hacerlo que para no hacerlo. Y esta transformación debe efectuarse especialmente cuando las cosas van bien y nuestras reservas aún tienen petróleo. En un mundo en el que todo avanza, no hacerlo suele ser sinónimo de retroceso. Todavía recuerdo aquel día en el que me volví a enfrentar a un equipo rival tras un año sin poder entrenar por una lesión. De repente, el mismo alero que me había defendido un año antes era ahora más rápido, más ágil y más fuerte que yo. Y no pude contener la rabia al ver que me había estancado ese año. Nuestro talento es como nuestros ahorros: si lo dejamos intacto durante diez años, su valor no será el mismo pasado este tiempo, sino mucho menor.

¿Y qué otros factores nos ayudan a gestionar mejor el riesgo? La realización de actividades que implican un pequeño lance o un reto nos ayuda a entrenar esta cualidad, como practicar cualquier tipo de actividad deportiva —no necesariamente de riesgo— y también actividades que nos producen cierta incomodidad, como el voluntariado, puesto que nos vemos obligados a tomar decisiones sin controlar todos los factores o sin conocer previamente a nuestro público.

En 2028 Los Ángeles se convertirá en la segunda ciudad del mundo —junto con Londres— en albergar tres Juegos Olímpicos, y los dos primeros los celebraron en plenas crisis mundiales de las que supieron sobreponerse (1932, 1984 y 2008)[3].

¿Por qué va la gente a Los Ángeles? Principalmente por el reclamo de Hollywood. ¿Y por qué está Hollywood? Porque antes había petróleo. Lo que ayer te valía (como el petróleo) mañana no solo quizás no lo haga, sino que es probable que nadie lo recuerde, pero nos habrá ayudado a crear nuestra marca. Lo importante no reside en si cambiamos o no, sino en qué nos convertimos con el cambio. Otros estados, como Nueva Jersey, no supieron adaptarse al cambio, no buscaron evolucionar sus modelos exitosos —como el de la industria del cine— y acabaron viendo cómo otros les pasaban como un rayo. Lo mismo nos sucede a las personas. La mejor forma de evitar esa parálisis por análisis consiste en pasar a la acción y reaccionar lo antes posible ante los cambios del entorno. Si Los Ángeles no quiere verse sobrepasada por la competencia, como le sucedió a Nueva Jersey, deberá seguir reinventándose para mantener su liderazgo en el futuro.

Aunque actualmente la competencia aún está lejos, el llamado *Hollywood del Sur* —la industria cinematográfica en Georgia— está apostando fuerte por un mercado en el que en 2017 ya se rodaron 320 producciones con un impacto de 8 300 millones de euros, incluidas películas como *Guardianes de la Galaxia* o *Los Vengadores* y series como *Stranger Things* o *The Walking Dead*. El estado además ha creado la Georgia Film Academy, donde los estudiantes pueden hacer prácticas en estas películas y series. Subestimar a una competencia todavía insignificante pero que está atrayendo a grandes productoras a través de incentivos fiscales y creciendo a mayor ritmo que la de Los Ángeles puede ser el primer paso hacia el ocaso para el Hollywood original. En un mundo donde un simple cambio de regulación es capaz de darle la vuelta a toda una industria, reinventarse ha dejado de ser una opción para convertirse en una obligación. Continuar innovando es requisito indispensable para no quedarnos atrás.

2. Emilio Butragueño, Steph Curry y el poder de la anticipación

A la ciudad de Los Ángeles llegaría un recién retirado Emilio Butragueño tras completar tres temporadas en el Atlético Celaya mexicano después de una brillante carrera en el Real Madrid CF. Cuando la mayoría de los jugadores decidía —y sigue sucediendo— tomarse un año sabático nada más retirarse, Butragueño también pensó que los cambios se hacen cuando las cosas van bien y, tras retirarse en todo lo alto dejando una huella imborrable en el fútbol mexicano, el futbolista del Real Madrid aterrizaba en Los Ángeles para estudiar un posgrado en UCLA y conocer el trabajo por dentro en una organización deportiva de Estados Unidos: Los Angeles Dodgers. O, lo que es lo mismo, una estrella mundial trabajando de becario en un equipo deportivo. Emilio —incluido en el Salón de la fama del fútbol de la FIFA en 2012— tenía claro que el primer paso para aprender consiste en declarar que uno no sabe y no avergonzarse por ello: «me fascinaba el modelo deportivo americano y elegí el béisbol porque a veces se puede aprender más de disciplinas muy distintas a la nuestra». Pese a no tener conocimiento alguno sobre béisbol, Emilio demostró que tu carrera o tu pasado no te definen, como veíamos en el capítulo anterior. El cambio del pantalón corto al traje le costó muy poco a un Emilio que ya soñaba con continuar en los despachos el legado de Don Santiago Bernabéu. No obstante, el hecho de compaginar su carrera en el Real Madrid con su licenciatura en Ciencias Económicas y Empresariales ya daba muestras de que tenía muy clara la importancia de la formación.

Pese al riesgo y la incomodidad de ir a un país nuevo y empezar prácticamente desde cero, Emilio se centró en ver las ventajas del cambio en lugar de los inconvenientes: vivir en el anonimato alejado de los focos tras una vida deportiva siendo el centro de las miradas, trabajar desde la humildad y conectar con su otro yo, con la persona, no con el personaje, aprender inglés… A pesar del miedo al cambio, los motivos para irse eran más fuertes que para quedarse, algo clave para animarnos a pasar a la acción. O, como diría Fernando Botella, experto en transformación organizativa, nos movemos cuando nuestras necesidades son mayores que nuestras resistencias. Para Botella, la ecuación del cambio es fundamental, ya que cuanto mayores sean las resistencias (cualquier aspecto que nos haga estar acomodados), más difícil será que se produzca dicho cambio. He aquí la ecuación del cambio que propone el autor, donde $C=$ es cambio, N, necesidad y r, resistencia. Vencer esas resistencias y repetirnos la finalidad del cambio («¿para qué hago lo que estoy a punto de hacer?», «¿qué espero conseguir con ello y qué otras ventajas me puede traer?») resultarán esenciales para que se produzca.

$$C = N - r$$

Cuando Emilio Butragueño era pequeño, tras ganar el Torneo AS de promesas, su padre le llevó a realizar una prueba en las categorías inferiores del Real Madrid, pero no fue admitido. Justo después recibió la llamada del Atlético de Madrid y, tras entrenar con ellos durante tres días y recibir una propuesta para jugar con ellos, a petición de su padre volvió a realizar una segunda prueba con el Real Madrid, después de la que finalmente fue admitido. «Ve el fútbol con una facilidad asombrosa», decía el informe que le realizaron en la prueba los técnicos madridistas.

Emilio se parecía mucho al Steph Curry de ahora (jugador de un deporte —el baloncesto NBA— que por cierto le fascina): no era el más fuerte, ni el que mejor tiraba, ni siquiera el más rápido, pero se movía como nadie en los reductos más pequeños. El fútbol y el baloncesto son deportes de espacios y tanto Steph como Emilio lograron encontrar ahí su fuerte: ver y explotar los huecos como nadie, algo que también caracteriza a los mejores líderes. El caso de Curry resulta si cabe más llamativo: antes de su llegada a la NBA, muchos expertos consideraban que lo tendría difícil para triunfar porque no era ni un base ni un escolta, sino lo que se considera un combo *guard* (base-escolta), y aunque podía jugar en ambas posiciones, estimaban que sus facultades no se adaptaban totalmente a ninguna de las dos. En otras palabras, argumentaban que valía para todo y no valía para nada. En *Stephen Curry: la fuerza del talento*, el escritor Rafael Cerrato aporta el informe que Stevan Petrovic, uno de los mayores analistas NBA, redactó sobre Curry de cara al *draft* de la NBA: «[...] es un correcto pasador y maneja el balón adecuadamente, pero aún debe mejorar considerablemente en ambas áreas y aprender a actuar como base para poder jugar en la liga. [...] Su cuerpo es pequeño, sus brazos cortos y le falta fuerza natural en su organismo». En una entrevista para la revista *Time*, el propio Steph Curry lo resumía de esta manera: «no tengo el mejor físico para jugar ni he sido bendecido con un salto vertical dominante ni mido 2.06 metros, pero los fans se sorprenden de lo que puedo hacer pese a todo».

Aunque no tiene un mal físico, para muchos expertos si hubiera un biotipo de jugador de baloncesto no sería el de Steph Curry, y Emilio seguramente tampoco lo sería del de futbolista (la comparación con otros «7» madridistas como Cristiano Ronaldo o Mariano en cuanto al físico sería incluso graciosa). Pero tanto Curry como Butragueño han logrado hacer evolucionar a sus respectivos deportes de una forma muy similar: explotando los cambios de ritmo y haciendo más en menos espacio. No se trata de correr más, sino de correr mejor, al igual que no se trata de trabajar más sino de trabajar mejor. El informe de Smith sobre Curry también decía lo siguiente: «Embriagador, precoz jugador con una sólida percepción del juego. [....] Grandioso tirador... Sabe tomar decisiones con firmeza, un sólido defensor con buenos instintos, especialmente por su capacidad para anticiparse a los robos». Desde su llegada a la NBA, Curry ha trabajado su físico y ha sabido explotar sus virtudes. Quizás ahí resida la clave de su éxito: trabajar las áreas de mejora (el físico en su caso) sin perder el foco, lo que te hace especialmente bueno. O, como diría Álvaro Merino, dedicar más tiempo a potenciar lo que hacemos bien que a arreglar lo que hacemos mal. Por otro lado, para las organizaciones anticiparse también requiere un cierto nivel de riesgo, ya que lo fácil —que no lo inteligente— es contratar a alguien por lo que ya hace en lugar de por lo que es capaz de hacer. Quizás por este motivo, pocos equipos de la NBA fueron capaces de ver aquel potencial. En el *draft* de 2009, Curry acabaría siendo elegido en la séptima posición por detrás de jugadores como Blake Griffin, Ricky Rubio, James Harden y otros menos conocidos, como Hasheem Thabeet o Johnny Flynn. Los Golden State Warriors sí supieron ver aquel potencial —o confiaron en él— y aquella pequeña y arriesgada acción acabaría siendo fundamental para los éxitos que llegarían posteriormente. La anticipación implica un cierto nivel de riesgo con el que debemos aprender a convivir y, en una época como la actual, en la que la adaptación resulta quizás más importante que nunca, la habilidad de contratar a personas no por lo que son sino por lo que pueden llegar a ser se ha vuelto un elemento diferenciador en el desarrollo del talento.

El fácil acceso a la información y los constantes cambios en el entorno laboral hacen que cada vez nos diferencie menos el conocimiento que poseemos. Para muchos, la especialización ha pasado de resultar esencial a importante y la versatilidad de ser importante a esencial, si bien en muchos sectores predomina la corriente opuesta, que defiende la especialización como mejor forma de aportar un valor diferencial. En cualquiera de los dos casos, tanto si nuestro perfil es más técnico como más polivalente, ser capaces de «jugar» en distintas posiciones no solo nos hará más empleables, sino que además permitirá que aumentemos el espectro de nuestro talento a medida que nuestro sector evoluciona hacia un lado u otro. Lo importante no es si me convierto en especialista o no, sino si soy capaz de ser especialista en otra cosa hoy y en algo diferente el día de mañana, puesto que el mercado demandará herramientas, competencias y conocimientos distintos. Lo que antes era un problema (no ser demasiado bueno en ninguna posición, como le ocurrió a Curry) ahora resulta una fortaleza. En la industria de la NBA, los jugadores como Curry han obligado a que el resto se adapte y mejore. Ahora los pívots son más rápidos que nunca, ya no hay posiciones fijas. En el mercado laboral ha sucedido lo mismo: el hecho de que las generaciones jóvenes entren al mercado laboral con mayor conocimiento de idiomas ha obligado a muchas personas a realizar un gran esfuerzo para poder equipararse a las nuevas demandas de un mercado con gente cada vez más preparada. Otros lo han hecho poniendo aún más el foco en sus fortalezas en lugar de trabajar solo las debilidades. Por ejemplo, si me cuesta aprender un idioma a mi edad, puedo elegir formarme en nuevas tecnologías. Lo importante no es tanto en qué nos formamos, sino el hecho de seguir formándonos. En otras palabras, o somos los que nos anticipamos o seremos a los que nos toque adaptarnos a aquellos que se anticipen a esos cambios que todavía desconocemos. Los que se anticipan son los que marcan el camino del cambio.

Aquellos dos informes sobre Curry y Butragueño resaltaban una cualidad por encima del resto: la anticipación, saber leer el juego con una facilidad asombrosa y hacer que lo difícil parezca fácil. Al igual que lo hacía sobre el terreno de juego, Emilio decidió anticiparse también fuera de él, actuar antes de que se le acabara el «petróleo» para diseñar el futuro que quería tener. Y decidió hacerlo aprendiendo de los mejores, yendo a un territorio incómodo y desconocido para después aplicar esos conocimientos y seguir creciendo profesionalmente. A Curry todavía no le ha llegado la hora de la retirada y es precisamente por esto por lo que está aprovechando el presente para mirar de reojo al futuro y marcar sus próximos objetivos antes de que otros lo hagan por él. El último: aprovechar su peso mediático para visibilizar la brecha de género y anticiparse a un futuro —ojalá próximo— en el que hombres y mujeres tengan las mismas oportunidades. Es probable que en el futuro lo veamos con un papel protagonista mucho más allá de la cancha.

3. LEGO: De resurgir de las cenizas a la reinvención permanente

En el mundo de la empresa ha habido numerosos casos donde la anticipación y la correcta gestión del riesgo han llevado a las organizaciones a sobrevivir en épocas de gran incertidumbre. Este es el caso de LEGO. Si una empresa sabe de reinvención y de crisis, es ella. La compañía danesa de juguetes ha sobrevivido a numerosas dificultades en su historia y ha podido salir airosa de todas gracias a su agilidad para reaccionar a tiempo y evitar la parálisis por análisis pasando a la acción. Y lo ha hecho rompiendo un paradigma: cuanto más grande resulta la organización, más lenta suele ser la reacción a los cambios que demanda el mercado debido a sus dimensiones. Con el avance de los años, la compañía, con sede en Billund, ha logrado con éxito mantener una filosofía de *startup* pese a no serlo.

La primera crisis fue paradójicamente la que posibilitó el éxito de LEGO en la actualidad. La empresa, que inicialmente se dedicaba a fabricar puertas, ventanas y muebles de cocina, sufrió la sacudida de la crisis económica mundial de 1929 tras la caída de Wall Street, crisis que traería consecuencias catastróficas al resto del planeta —sí, la misma de la que Los Ángeles saldría ilesa gracias a su audacia—. Pero lo peor llegaría en 1932, cuando Ole Kirk Christiansen, fundador de la compañía, no solamente tuvo que dejar marchar al último de sus trabajadores por la falta de pedidos, sino que además perdió a su esposa y se vio solo y con cuatro hijos de entre seis y quince años. Dos años más tarde, Christiansen daría un rumbo nuevo a la compañía al centrarse en la fabricación de juguetes de madera.

La segunda gran crisis ocurrió en 1942 y sucedió en forma de incendio. Todo lo que había logrado el fundador tras superar la primera crisis acabó reducido a cenizas la noche del 20 de marzo de 1942. Lo único que quedó a salvo fue su casa, contigua a la fábrica, que se libró de las llamas. La noticia de que el seguro no podía cubrir la pérdida ni la construcción de una fábrica nueva le cayó como un mazazo. Lo único que animó a Christiansen a empezar otra vez de cero fue la responsabilidad que sentía como padre de sus cuatro hijos y como jefe de sus empleados. Y así lo hizo. Como en la primera crisis, el camino tampoco fue sencillo: tuvo que reconstruir todos los modelos y patrones a mano, lo que le llevó innumerables horas.

En 1942, Ole creó el mantra que acompañaría a la compañía hasta el día de hoy: «Realizar un trabajo excepcional para que la gente sepa que los productos LEGO son de calidad». En esos años, Christiansen sabía que para sobrevivir debía hacer evolucionar lo logrado hasta entonces y decidió invertir casi todos sus recursos en comprar una costosa máquina de inyección de plástico fabricada en el Reino Unido y que había visto en una feria —al igual que ahora, por aquel entonces acudir a ferias internacionales era la forma de estar al tanto de lo que sucedía en otras partes del mundo y seguir innovando—. El futuro podría pasar por el plástico y él quería ser parte de él. En 1949 vería la luz el primer ladrillo de plástico de LEGO bajo el nombre de *Automatic Binding Bricks* en honor a las fuerzas aliadas que liberaron Europa en 1945.

Más de medio siglo después, las crisis seguían azotando a la compañía. La de finales de la década de 1990 no fue por defecto sino por exceso, en este caso por dedicar demasiados recursos a crear marca cuando no era necesario. Ya existían imitaciones debido a la expiración de su patente y la inversión en marca no logró frenar la escalada de competidores.

De nuevo en 2004 otra crisis azotaría a la empresa, en este caso por dos motivos bien distintos: por diversificar en exceso (comenzaron a invertir en la venta de ropa y en la construcción de parques temáticos) y por su falta de innovación al permitir que su cadena de suministro quedara obsoleta.

48

Cuadro 2.1 Línea de la vida de LEGO[4]:

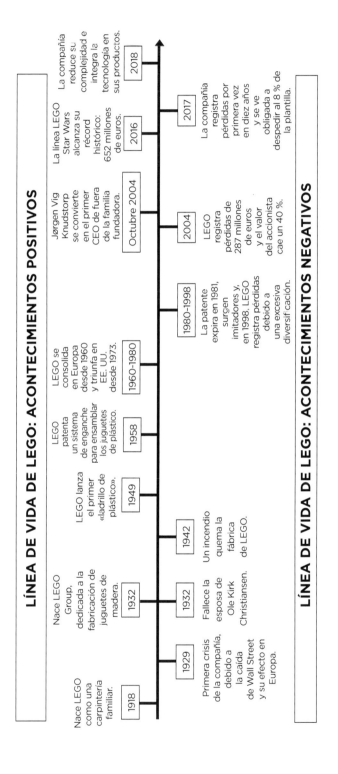

LÍNEA DE VIDA DE LEGO: ACONTECIMIENTOS POSITIVOS

1918	1932	1949	1958	1960-1980	Octubre 2004	2016	2018
Nace LEGO como una carpintería familiar.	Nace LEGO Group, dedicada a la fabricación de juguetes de madera.	LEGO lanza el primer «ladrillo de plásticos».	LEGO patenta un sistema de enganche para ensamblar los juguetes de plástico.	LEGO se consolida en Europa desde 1960 y triunfa en EE. UU. desde 1973.	Jørgen Vig Knudstorp se convierte en el primer CEO de fuera de la familia fundadora.	La línea LEGO Star Wars alcanza su récord histórico: 652 millones de euros.	La compañía reduce su complejidad e integra la tecnología en sus productos.

LÍNEA DE VIDA DE LEGO: ACONTECIMIENTOS NEGATIVOS

1929	1932	1942	1980-1998	2004	2017
Primera crisis de la compañía, debido a la caída de Wall Street y su efecto en Europa.	Fallece la esposa de Ole Kirk Christiansen.	Un incendio quema la fábrica de LEGO.	La patente expira en 1981, surgen imitadores y, en 1998, LEGO registra pérdidas debido a una excesiva diversificación.	LEGO registra pérdidas de 287 millones de euros y el valor del accionista cae un 40 %.	La compañía registra pérdidas por primera vez en diez años y se ve obligada a despedir al 8 % de la plantilla.

La crisis de LEGO en 2004 fue objeto de numerosos casos de estudio no por la crisis en sí —común a otras empresas similares— sino por cómo la organización logró salir de ella mucho más fuerte de lo que entró. El comité de dirección sabía que, aunque la transformación iba a ser dolorosa, el cambio era imperativo. «Para mí la cadena de suministro es el sistema circulatorio de una empresa. Tienes que arreglarlo para que circule la sangre», diría Jorgen Vig Knudstorp, el CEO de la compañía desde 2004. Su nombramiento fue una clara apuesta por la innovación. Además de tener solo 36 años, fue el primer CEO que no pertenecía a la familia del fundador.

La importancia de realizar cambios cuando las cosas van bien también radica en que los síntomas de que algo va mal suelen tardar años en verse, como sucedió en el caso de la cadena de suministro de la organización danesa, que no saltaría hasta años después de empezar a dar problemas. Y, además, los síntomas más difíciles de ver son aquellos que se producen en áreas que suelen ser fortalezas de la compañía o de la persona. En el caso de LEGO, la innovación y la calidad eran parte de su ADN y nadie pensaba que podrían surgir problemas en estas dos áreas, por lo que acabaron descuidándolas.

Uno de esos cambios dolorosos fue la salida del CEO anterior, Kjeld Kirk Kristiansen, nieto de Ole Kirk, aquel carpintero que creó la compañía en 1932. Como en cualquier emprendimiento, a veces el fundador —o su descendencia— no es la persona más adecuada para gestionarlo. Ser buenos creando no nos garantiza que seamos buenos gestionando.

El nuevo CEO y el saliente trabajaron juntos durante semanas para analizar la fuente de los problemas que azotaban a la compañía. Lejos de achacarlos a la creciente competencia de la industria del videojuego, ambos se centraron en lo que la organización controlaba para desde ahí generar el cambio.

Estos eran los puntos que daban problemas y debían abordar:

- **Desarrollo de producto.** Treinta productos generaban el 80% de las ventas y dos tercios de las existencias eran ítems que no se vendían. Para solucionarlo se redujo la oferta de productos centrándose en lo que la gente demandaba más. Menos es más.

- **Proveedores.** Contaba con más de 11 000 (el doble que usa Boeing para construir sus aviones). La falta de procedimientos además acarreaba despilfarro de material. Por ejemplo, para un diseño nuevo se compraba un tipo de resina por lotes de tres toneladas, pero solamente se utilizaban unos kilos. Para revertirlo se redujeron los colores y los tipos de diseños de figuras, bajando así el número de proveedores en un 80%.

- **Fabricación.** La anarquía en la organización de la producción llevó a la empresa a producir solo al 70% de su capacidad real.

- **Distribución.** La compañía dedicó los mismos recursos a atender a los miles de tiendas que generaban solo un tercio de los ingresos que a las doscientos grandes cadenas que originaban los otros dos tercios.

Knudstorp reunió a un grupo de ejecutivos y directivos y trazaron dos líneas de trabajo paralelas: el equipo de liderazgo desarrolló la estrategia (qué juguetes hacer, cómo priorizar tareas, etc.), mientras que el grupo de planificación y representantes de ventas, logística, tecnologías de la información y la comunicación y producción coordinó el cambio a nivel operativo (cómo reducir fallos técnicos, problemas de inventario, etc.).

Las limitaciones (como reducir la paleta de colores de cien a cincuenta) no destruyen la creatividad o la excelencia del producto, sino que incluso pueden mejorarlas, como ocurrió en el caso de LEGO. Acotar el ámbito de trabajo ayudó a la compañía a crecer sobre sus fortalezas ya establecidas y a reducir la tentación de salirse de su competencia distintiva, de lo que hacían realmente bien.

Irónicamente, el hecho de tener la innovación como lema hizo que LEGO asumiera que debía crear juguetes nuevos todo el tiempo y a cualquier precio. Cuando ponemos el foco en la calidad, pensamos que cualquier cambio que hagamos va a afectarla, pero, como dijo el propio Knudstorp, a veces nos volvemos presas emocionales de nuestro propio mantra: «la idea de la innovación se había convertido en un concepto emocional y en una excusa para oponerse a cualquier iniciativa que ahorrara costes».

Al final se trataba de algo fácil de decir, pero difícil de hacer: llevar el producto adecuado al lugar adecuado en el momento adecuado y, sobre todo, con el coste adecuado.

Este nuevo proceso de innovación se logró mediante dos formas:

1. Diversificar sin perder nunca el foco. El ladrillo debía estar siempre en el centro del negocio y por tanto cualquier innovación lo tendría como eje central, evitando así desviar demasiado el foco, como en el caso de la venta de ropa o la construcción de nuevos parques temáticos.

2. Lograr que la responsabilidad fuera algo transversal. Se creó un equipo multidisciplinario para que cada innovación tuviera la visión de las distintas áreas de la organización[5] en lugar de que el peso de la innovación recayera sobre un departamento específico. Así se entenderían mejor las necesidades de cada departamento y el impacto que cada innovación tendría en ellos.

Desde su llegada en 2004, Knudstorp ha logrado que los responsables de la compañía del denominado *juguete del siglo* pasen de tener aversión al riesgo por estar centrados en sobrevivir a convertirse en *opportunity driven,* para lo que resulta fundamental tomar riesgos calculados constantemente. Y lo ha conseguido acompañándolos en cada fase de ese cambio de estrategia, poniendo baldosas firmes en cada fase para que los ejecutivos avancen poco a poco a través de ese apasionante y a veces oscuro pasillo llamado *cambio*.

Como dijo el propio Knudstorp, «si queremos crecer, a veces no nos queda otra opción que pulsar el botón de reseteado para reducir la complejidad en la organización». Un paso atrás para dar dos hacia adelante.

Gracias a esta nueva forma de liderazgo participativo, la compañía ha lanzado iniciativas exitosas, como Legofactory.com, la plataforma que permite a los consumidores utilizar el *software* de diseño de LEGO gratis y crear así sus propios artículos. Además, la compañía cuenta con ciento veinte diseñadores en plantilla y con 12 000 diseñadores voluntarios que dan *feedback* constantemente sobre nuevos productos. «El entusiasmo de nuestros clientes es lo más valioso que tenemos. Y les recompensamos mostrándoles que los escuchamos y que nos importa su opinión. Siempre les digo que no podremos implementar todas las ideas que nos digan, como añadir placas solares a los robots de Lego Mindstorms, pero cuantas más veces oímos una idea, más tiempo dedicamos a pensar sobre ella».

Los Ángeles, Emilio Butragueño, Steph Curry y LEGO tienen algo en común: todos han sabido anticiparse a los cambios en lugar de simplemente sobrevivir a ellos. Y todos han salido fortalecidos de esas situaciones de cambio. Los mejores líderes, los emprendedores exitosos, los agentes de cambio no son los que más riesgos toman sino los que mejor los gestionan, los que mejor conviven con ellos y los que crean sus propias oportunidades sacando «petróleo» de sus fortalezas. En ninguno de estos casos los protagonistas tomaron grandes riesgos sino siempre moderados. Innovar no consiste en arriesgar mucho, sino en elegir bien qué arriesgamos. Y gestionar el riesgo no consiste en hacer más, sino en hacer mejor, en pensar qué se nos da bien hoy y, sobre todo, qué se nos puede dar bien el día de mañana y actuar en consecuencia.

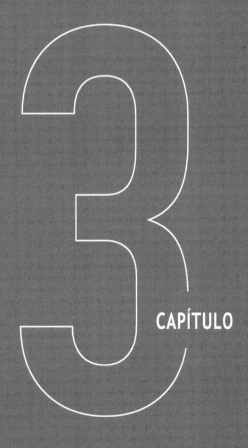

CAPÍTULO

Creatividad
Cambia las reglas desde dentro

«Si oyes una voz dentro de ti diciéndote
"no sabes pintar", ¡pinta!,
y esa voz se callará».

Vincent Van Gogh

1. Kathrine Switzer y la maratón de Boston

El 21 de abril de 1967 marcó un antes y un después en el mundo del atletismo. Ese día se disputaba la edición número setenta de la maratón de Boston, una de las seis *majors* o grandes maratones del circuito mundial (por entonces cinco, pues Tokio se uniría más tarde). La prueba de 1967 no tuvo nada especial, salvo un pequeño detalle que cambiaría la historia del deporte para siempre: una fotografía que daría la vuelta al mundo donde se captaba el momento en el que el comisario de la carrera intentaba echar a empujones a una mujer que corría bajo una sudadera y con el dorsal 261. La joven se llamaba Kathrine Switzer y más tarde pasaría a la historia por ser la primera mujer en correr la maratón de Boston, algo que hasta entonces estaba prohibido. Su gesta permitió a muchas más mujeres sumarse a un movimiento creciente por la defensa de los derechos de la mujer. Switzer se inscribió en la prueba bajo sus iniciales, K.V., y por tanto la organización no supo que se trataba de una mujer hasta que la carrera hubo empezado. Pese a los intentos de echarla de ella, Kathrine pudo esquivar los empujones que comenzaron a propinarle en el kilómetro 3 y logró completar los 42 km en cuatro horas y veinte minutos.

«Resulta irónico que en la tierra de las oportunidades era más fácil poner a un hombre en la luna que permitir a una mujer correr una maratón», comentó Michael Robinson a Switzer en una entrevista que le realizó para su programa Acento Robinson[1]. Pero lo cierto es que así era.

Lo más llamativo de la historia de Switzer no es lo que se conoce (su historia dio la vuelta al mundo y es bastante popular entre practicantes y no practicantes del *running*), sino lo que no se conoce sobre ella. Hay tres partes de la historia de las que se sabe muy poco pero que resultan determinantes para entender por qué se creó este movimiento y cómo se logró que se permitiera a las mujeres inscribirse en pruebas de maratón.

En primer lugar, realmente no estaba prohibido que las mujeres participasen en pruebas de maratón. No aparecía en el reglamento de ninguna carrera ni estaba publicado en ningún documento oficial. Pero como ninguna mujer había corrido ninguna maratón anteriormente, se daba por hecho que no podía hacerlo y por tanto no se veía necesario prohibirlo. Antes de inscribirse, Switzer comprobó junto a su entrenador que efectivamente no aparecía escrito en ningún lado que no pudieran correr mujeres y por tanto tenía el derecho de inscribirse y participar. No dar las cosas por supuestas es el primer paso para cambiarlas, y somos nosotros mismos los que a veces nos ponemos los impedimentos.

«En el formulario o reglamento no había nada explícito, hablé con mi entrenador y leímos todo. Pensaba que no estaba escrito porque seguramente no estarían interesadas en participar. En ese momento tuve dudas, pero mi entrenador me animó».

En segundo lugar, y esto resulta quizás lo más sorprendente de la historia, Kathrine Switzer no fue la primera mujer en correr la maratón de Boston. Ni siquiera en completarla. Un año antes una joven de la zona (en concreto de Cambridge, Massachusetts) llamada Roberta Louise Gibb (más tarde sería conocida como *Bobbi* Gibb) consiguió ser la primera mujer en completar la maratón, y lo hizo en un tiempo de tres horas y 21 minutos, una hora menos que Switzer. Si Switzer no fue la primera mujer en completar una maratón, ¿por qué se llevó toda la fama? ¿Qué hizo distinta su historia de la de Gibb un año antes? La clave no está en el qué sino en el cómo. Si bien es cierto que ambas corrieron la carrera y que ambas la completaron, solo una lo hizo de forma oficial. Y esa fue Kathrine Switzer. Gibb no tenía dorsal y por tanto su carrera no pudo registrarse. Pese a que Switzer corrió con un dorsal de la carrera masculina —algo obvio porque no existía la modalidad femenina—, su marca sí quedó registrada y por tanto fue oficial. La historia de Switzer nos muestra que para cambiar verdaderamente las reglas hay que actuar dentro de ellas. El cambio más poderoso y a menudo más efectivo es el que se produce desde dentro de las organizaciones. También es el que más cuesta, ya que a los impedimentos burocráticos (legales en este caso) debemos añadir las barreras sociales que los propios seres humanos establecemos ante los cambios. En psicología se utiliza el término *ley de conformidad* para explicar lo difícil que resulta cambiar determinados comportamientos o hábitos en un grupo, ya que las personas del grupo siempre tienden a actuar basándose en la posición mantenida por el grupo mayoritario, manteniendo así el *statu quo*. Y lo hacen para de esa forma encajar con la opinión mayoritaria del grupo. En el caso de Kathrine Switzer, muchas personas se mostraron en contra de que corriera, pero en realidad lo hacían porque la presión de la sociedad en la época no les permitía mostrar públicamente una opinión disonante. Se sumaron a un carro en el que ni ellas mismas creían.

A menudo estos cambios de paradigma no son lineales, sino que se parecen más bien a una montaña rusa. Tras el vacío legal que permitió a Switzer completar la carrera, al año siguiente la organización decidió prohibir expresamente la participación de las mujeres en la prueba; en el propio formulario añadieron en negrita que era una carrera solo para hombres e incluso intentaron expulsar a Kathrine de la Federación Estadounidense de Atletismo. Esto creó aún más animadversión y se originó un movimiento —ya no eran voces sueltas— que logró que cinco años más tarde (en 1972) la organización reculara y permitiera a las mujeres inscribirse en la prueba. Se dio un paso atrás para dar después varios hacia adelante y ya nunca volver atrás. Medio siglo más tarde, en Estados Unidos el *running* es practicado por más mujeres que hombres y la maratón de Boston de 2018 contó con un 44.6 % de mujeres entre los participantes.

Pero la lucha de *Bobbi* Gibb y Kathrine Switzer ha ido mucho más allá del deporte. Ambas se convirtieron en referentes por sus respectivas batallas contra otras problemáticas sociales en áreas tan importantes como la educación, la salud y la brecha de género. En una época en la que las mujeres no podían pedir préstamos o tener tarjeta de crédito, ambas cuestionaron el sistema y cursaron estudios universitarios y en carreras poco aptas para mujeres hasta la época, como periodismo en el caso de Switzer o derecho en el de Gibb, a la que no permitieron cursar medicina (Gibb terminaría especializándose en neurociencia). Pese a que las circunstancias eran adversas, buscó su hueco y lo encontró: «Tanto mi padre —que era profesor en el Instituto de Tecnología de Massachusetts (MIT)— como mi madre —que pasó por lo mismo— siempre me empujaron a perseguir mis sueños», comentaba Gibb en una entrevista reciente con Roy M. Wallack.

Gibb ha pasado los últimos cuarenta años ayudando a combatir la esclerosis lateral amiotrófica (ELA) y Switzer se ha convertido en una de las principales embajadoras de los derechos de la mujer en el deporte. Acaparar los focos del mundo entero y convertirse en altavoz por los derechos les sirvió a ambas para continuar extendiendo el mensaje y a día de hoy lo siguen haciendo.

En tercer y último lugar, al contrario de lo que mucha gente piensa, Switzer no se inscribió con sus iniciales para burlar el sistema y así «colarse» en la carrera masculina. Según ella, lo hizo por pura casualidad, ya que su nombre (Kathrine) a menudo lo escribían mal (el nombre común es Katherine, con «e»). Esto, sumado al hecho de que le gustaba que la conocieran por sus iniciales (por la influencia de escritores como J. D. Salinger), hizo que se decantara por inscribirse de este modo. A veces nos empeñamos en buscar una razón para todo y en ocasiones lo único que marca la diferencia entre el éxito y el fracaso es la casualidad... la casualidad de inscribirse con sus iniciales, la casualidad de que el famoso empujón sucediera justo donde había prensa y se tomara una foto que más tarde se convertiría en el símbolo de los derechos de la mujer. Pero esas grandes casualidades nunca se habrían producido si Kathrine Switzer no hubiera tenido la determinación y valentía de inscribirse en una prueba de 42 km en la que las mujeres no eran bienvenidas y de prepararse a conciencia para completarla pese a que todo apuntaba a lo contrario.

«Si abandonaba, pensaba que sería un paso atrás para el deporte femenino». Cuando el director de la carrera la agarró, llegó a arrancarle el dorsal, pero ella logró escapar y, al grito de «¡corre como nunca!» de su entrenador, Kathrine no miró atrás hasta llegar a la meta, 39 km después de aquel incidente.

«Curiosamente este hombre mayor que me estaba zarandeando cambió mi vida para mejor. Cinco años después empezamos a hablar y nos acabamos convirtiendo en amigos». A veces lo peor que nos pasa es la puerta a lo mejor que nos va a pasar.

El 21 de abril de 1967 pasó a la historia del atletismo mundial y el dorsal 261 se convirtió en el emblema por los derechos de las mujeres. Aunque la gesta de *Bobbi* Gibb un año antes indudablemente ayudó a la inclusión de la mujer en las pruebas de maratón, no fue hasta que alguien corrió dentro de las reglas cuando se creó un verdadero movimiento que llegó a todos los rincones del mundo. Si romper las reglas en ocasiones representa la única manera de cuestionarlas, cambiar las reglas dentro de las reglas nos otorga la legitimidad necesaria ante aquellos que todavía no están preparados para el cambio.

2. Seve Ballesteros: Reinventando la Ryder Cup

Hay ocasiones en las que el guion parece estar escrito y otras en las que nosotros nos empeñamos en escribirlo. La historia de Severiano Ballesteros tiene un poco de ambas.

Por un lado, Seve parecía estar predestinado para ser golfista. Tuvo la suerte de nacer en uno de los pocos contextos en los que jugar al golf podía ser una opción, ya que cerca de su casa se encontraba uno de los pocos campos de golf que había en España en la época. Cuando podía, se escapaba para ver a la gente jugar, y su exposición a este deporte le llevó a ser un niño diferente. Mientras otros niños iban a la playa a construir castillos de arena, él hacía agujeros en la arena, metía latas de tomate, una vara de arbusto y comenzaba a imaginar que era golfista[2].

Y la imaginación se convirtió muy pronto en realidad, y a una velocidad realmente asombrosa. Si Seve hubiera nacido en tiempos de YouTube, Twitter e Instagram, no habría sido famoso a los veinte sino mucho antes. A los diez años jugó su primer torneo, a los doce lo ganó y a los 16 ya era profesional. Con solo 19 años quedó segundo en el Abierto Británico de Golf, en la cuna del golf mundial. Allí le apodaron *Mr. Happy* porque al subir al pódium no paraba de sonreír. El motivo no era solo felicidad: no sabía ni una palabra de inglés y tampoco sabía qué decir, así que se dedicó a sonreír… Pocos de los allí presentes podían imaginar que aquel joven español había estado segando hierba con su padre la semana anterior al torneo. Esa fue su preparación para el torneo más importante de las islas británicas.

A partir de ese momento, su carrera comenzaría un ascenso imparable. Con veinte años ya había jugado y ganado torneos en los cinco continentes. Con 22 (en 1979) quedó primero en el Abierto Británico, convirtiéndose en el primer español en ganarlo y en el primer europeo no británico en ganarlo desde 1907. Y al año siguiente, con 23, se convirtió en el primer europeo en ponerse la chaqueta verde en el Masters de Augusta, la del campeón del torneo.

Pero Seve no forma parte de ese capítulo por todo lo anterior —aunque bien podría—, sino por lo que viene a continuación. En el mismo año en el que ganó el Abierto Británico (1979), Seve se convertiría en el primer continental admitido en el equipo británico de la Ryder Cup, la competición que enfrentaba a los equipos de Estados Unidos y Gran Bretaña. Esto se transformó en un acontecimiento histórico que pasó desapercibido en el deporte mundial pero que cambiaría la historia del golf para siempre. A partir de ese año, la Ryder Cup pasaría a ser el enfrentamiento entre Estados Unidos y Europa. «Seve creó el golf europeo. Punto y final», comenta Billy Foster, el que fue su *caddie* durante más de veinte años.

Dieciocho años más tarde, Seve lograría que por primera vez la Ryder Cup se disputara fuera de las islas británicas. Lo hizo en Valderrama (Sotogrande, Cádiz) y él fue el capitán del equipo europeo.

El que para muchos ha sido el mayor genio del golf de la historia logró cambiar las reglas siguiendo las reglas. El talento y el descaro son dos convincentes herramientas de persuasión y Seve no necesitó más para convencer a uno de los sectores más conservadores y tradicionales como el del golf británico para que se abriera y fuera más inclusivo.

Casi treinta años después de aquella hazaña en el Abierto Británico, Seve explicó que dejaba el golf pensando que su torpeza era fruto de la edad (ya había pasado la cincuentena). Uno de esos golpes fortuitos que a veces se daba le llevó al hospital y fue allí cuando se supo que sus caídas y golpes no eran fruto de la torpeza: tenía un tumor en el cerebro. Tras dos años, cuatro operaciones y muchas horas de terapia, el genio del golf se despidió del mundo en el lugar que eligió: en su casa de Pedreña, junto a su magnolio favorito y cerca del campo de golf que le brindó la curiosidad por aquel deporte tan poco conocido en la época. Seve, que adoraba los árboles —tenía en casa especies de muchas partes del mundo—, era fiel a sus raíces y las respetaba profundamente. Gracias a aquel joven lleno de curiosidad que logró cambiar las reglas, cientos de golfistas han podido representar a

Europa en la competición más importante del mundo. Mostrar generosa y descaradamente nuestro talento, sin importar nuestra edad o procedencia, constituye otra herramienta poderosa para lograr cambiar las reglas.

3. Cómo aprovechar la creatividad: En busca del plan C

La creatividad que tanto Kathrine Switzer como Seve Ballesteros desarrollaron para lograr sus objetivos y cambiar las reglas actuando dentro de ellas también nos sirve para emprender nuestros proyectos de forma exitosa. En concreto, dos aportes específicos de la creatividad a la hora de emprender son las denominadas *capacidad de producción divergente* (la generación de diferentes ideas para resolver un problema o crear un servicio o producto) y *capacidad de transformación* (producir nuevas formas y patrones sobre lo que uno ya sabe), como muestran los estudios de Guilford[3] desde hace medio siglo, quien también argumentaba en ellos que en el plano educativo el fomento de la creatividad nos permite generar más autoconfianza en los estudiantes, superar los retos y ser más tolerantes. Sobre estas dimensiones de la creatividad Howard Gardner profundizaría décadas más tarde en su conocida «teoría de las inteligencias múltiples».

Una de las numerosas ventajas de la creatividad es que nos ayuda a encontrar ese plan C, esa tercera opción que logra desatascar una situación a la que no encontrábamos fácil solución. A veces esta no consiste en «elegir» entre A o B, sino en «ofrecer» C. Una de las personas más hábiles que he conocido en encontrar y proponer ese plan C, esa solución creativa a los problemas, es Lonnie Cooper. Aunque quizás sea desconocido para el lector, Cooper es una de las personas más importantes de los últimos treinta años en la NBA, ya que se trata de uno de los agentes más influyentes de la liga. Entre sus más de doscientos clientes, que también incluyen otros deportes, como béisbol, golf o fútbol americano, se encuentran entrenadores como Lenny Wilkens, Chuck Daly, Doc Rivers o Tyronn Lue, el entrenador que consiguió el primer título en la historia de los Cleveland Cavaliers junto a LeBron James. Cooper ha llegado a representar a un tercio de los entrenadores de la NBA (le llaman *el agente de los entrenadores*[4]). En el mundo de la representación, como casi en cualquier industria, lo más difícil consiste en lograr el primer cliente porque no contamos con historial ni reputación a nuestras espaldas. Conocedor de esto, Cooper sabía que, al igual que los jugadores debían apostar por él como su agente dado su escaso recorrido, él también debía empezar apostando por un jugador. Y así fue. Durante uno de los partidos de los Atlanta Hawks al que Cooper había acudido, se fijó en un jugador que rompía todos los pronósticos para estar jugando en la NBA: era extremadamente bajito —apenas llegaba al 1.70 metros— pero esto no le impedía desafiar a sus rivales, a quienes sorteaba a su antojo gracias a sus asombrosas rapidez y destreza con el balón. «Sabía que podía ayudarle», confesó Cooper en una entrevista para el *Atlanta Business Chronicle* en 2013[5]. Cuando terminó el partido, Cooper esperó al jugador a la salida de los vestuarios y logró charlar con él un rato. Varias conversaciones después no solo se habían convertido en amigos, sino que Cooper empezó a ayudarle en labores de marketing y promoción. El jugador se llamaba Spud Webb y aquel encuentro fuera de los vestuarios marcaría la carrera de ambos para siempre.

Mi encuentro con Cooper fue de lo más casual. Durante una de mis dos etapas en Washington DC, la Universidad de George Washington —en la que impartía clases y realizaba investigación— me invitó a una jornada con agentes deportivos que se presumía de lo más interesante. Además de a Cooper, ese día también tuve la suerte de conocer a uno de los referentes en el mundo del marketing deportivo, David Falk, el agente de Michael Jordan, considerado la segunda persona más influyente en la historia de la NBA, solo por detrás del anterior comisionado, David Stern. Entre otros muchos logros, Falk fue un elemento clave en el fichaje de Jordan por Nike y en la creación de las zapatillas Air Jordan y la posterior marca de la estrella de los Bulls, y es que el jugador solo quería llevar Converse, como hacía en su época en el instituto, y por aquella época Nike tenía mucho menos nombre que Converse o Adidas.

Pese a la presencia de una referencia como Falk en aquel evento en la Universidad George Washington, el que más me sorprendió sin duda fue Cooper. En aquella sala de Derecho nos contó a los asistentes que vio más potencial en aquel jugador bajito llamado Spud Webb que el que veía el propio jugador en sí mismo. Sí, se trataba de un jugador bajito para la NBA, pero eso era precisamente lo que le hacía especial, y se propuso potenciar su marca alrededor de su estatura. Tres meses después de firmar con Cooper como agente, Webb se presentaba al concurso de mates de la NBA. Aunque únicamente medía 1.70 m, Webb no solo era capaz de tocar el aro (situado a 3.05 m), sino que además podía machacar y realizar diversas acrobacias en el aire, si bien nunca lo había mostrado en público. Esto llevo a Cooper a animarle para que se presentara al concurso de mates de aquel 1986. Ambos sabían que suponía una oportunidad única de hacerse con un nombre en la NBA dada la enorme repercusión del evento. Para más inri, el campeón del año anterior había sido Dominique Wilkins, uno de los mejores matadores de la historia y que además era compañero de Webb en los Atlanta Hawks. Todos los ojos estaban puestos en aquel concurso de mates y en la curiosidad por ver qué era capaz de hacer aquel bajito frente al campeonísimo, que quería revalidar su título. Cuando se publicaron los nombres de los concursantes y apareció el de Webb, Wilkins se sorprendió porque ni siquiera sabía que Webb era capaz de machacar el aro, pese a que eran compañeros de equipo.

A veces quienes más cerca tenemos son los que menos conocen nuestro talento… En aquel concurso de mates, Webb y Wilkins llegaron a la final como si de un guion perfecto se tratara. Fue entonces cuando Webb obtuvo la máxima puntuación (cincuenta puntos) en sus dos mates: el primero, con un 360° espectacular y el segundo, con un *alley oop*, una jugada de ataque, apoyándose en el tablero. Ambos mates son dignos de ver en YouTube[6] para hacerse una idea de la hazaña de un jugador de esa estatura. El público no daba crédito a lo que estaba viendo. Webb se llevó el título y, poco después, Wilkins reconocería que pensaba que con su repertorio habitual ganaría fácilmente y que ese relax le hizo confiarse en exceso. Wilkins no tenía un plan C, ni siquiera un plan B. Lo que ayer nos valía seguramente mañana ya no nos valga y tendremos que reinventarnos si queremos mantenernos arriba.

Aquel concurso de mates no solo hizo que Webb se ganara a todos los aficionados de la NBA en todo el mundo, sino que además le reportó sus primeros contratos publicitarios de la mano de Cooper. Coca-Cola y Church's Chicken fueron las primeras marcas con las que firmó el jugador de los Hawks para diversos actos publicitarios. Y es precisamente lo que sucedió en un acto publicitario lo que ejemplifica la creatividad y el ingenio de Cooper. Poco después del concurso de mates, recibió la llamada de una marca de coches en la que ofrecían a Webb cinco mil dólares por ir a firmar autógrafos a un concesionario de Atlanta. Pero había un problema: coincidía con la hora de entrenamiento del equipo. Cooper, sabedor de que el entrenador Mike Fratello tenía como norma sagrada fijar los entrenamientos a una hora concreta y nunca los cambiaba, sabía que necesitaría tirar de creatividad para lograr aquel acuerdo. El plan A era que el concesionario cambiara la hora del acto, el plan B, que el equipo cambiara la del entrenamiento o que Webb llegara más tarde a entrenar —algo aún más grave para el entrenador—. Una vez que hubo comprobado que los dos primeros planes no eran factibles, tocaba poner en marcha el plan C. Cooper cogió el teléfono y llamó al entrenador. En la llamada le explicó que había recibido una propuesta de un concesionario para que tanto Fratello como Webb firmaran autógrafos. Y le explicó las condiciones económicas: el concesionario ofrecía mil dólares para el entrenador y cuatro mil para el jugador, pero por desgracia coincidía con el entrenamiento… En esa misma llamada el entrenador le confirmó su asistencia y cambió la hora del entrenamiento.

Esta historia se podría ver como la del uso de una mentira piadosa o como la de que ofreciendo dinero se consiguen más cosas. Pero creo que es importante no quedarse en la superficie, aunque ambas cosas puedan ser ciertas en este caso. Por encima de todo ello se trata de la historia de cómo resolver un dilema siendo creativos; cómo para llegar a un acuerdo precisamos buscar soluciones imperfectas. Gracias a su ingenio, Cooper logró un resultado beneficioso para todos, un *win-win-win* (ya que eran tres las partes). Las soluciones imperfectas son las que nos permitirán seguir avanzando, dando pequeños pasos y superando las barreras que encontramos en el camino. Todavía no he conocido a nadie a quien le haya llegado una oportunidad en el momento perfecto; siempre llegan en el momento más inoportuno, pero a veces lo inoportuno resulta lo adecuado. Entender que el momento perfecto no existe nos ayudará a forzarlo, nos dará el empujón necesario pasar a la acción y así evitar la conocida parálisis por análisis.

Es probable que Cooper hubiera conseguido todo lo que ha logrado, aunque no hubiera cerrado aquel trato. Pero también resulta probable que no habría alcanzado nada de lo que tiene si no se hubiera presentado a las puertas de aquel vestuario. La creatividad requiere incomodidad y es precisamente esta la que nos obliga a actuar y nos posibilita ser creativos. Cooper no fue a ver a Webb con una idea; desarrolló la idea después de conocerle. No hay nada como estar expuesto a distintos contextos para inspirarnos a crear algo nuevo. La creatividad, al igual que la inspiración, nos debe pillar trabajando, conociendo a gente, buscando tener conversaciones que nos alimenten esa inspiración, ya que nuestro cerebro es vago por naturaleza (está diseñado para ahorrar energía) y, por tanto, debemos buscar más motivos para presentarnos a las puertas de ese vestuario que motivos para no hacerlo (y seguro que estos últimos nos vienen solos a la mente).

Las personas cercanas a Cooper saben que siempre va acompañado de un lápiz y una libreta. Según él, tiene que ser lápiz y no bolígrafo porque el lápiz tiene goma de borrar. Y en un entorno como el suyo siempre tienes que estar listo para borrar cosas porque no van a funcionar. Hay que tener siempre la capacidad de borrar sobre lo escrito, algo también muy común en el mundo del emprendimiento y en cualquier disciplina. A veces no se trata de escoger entre A o B, sino de ofrecer C. No se trata siempre de elegir entre las dos opciones que se nos planteen, especialmente cuando ninguna es buena para nosotros. A veces la clave está en presentar nosotros una solución diferente, esa tercera vía o plan C en el que todas las partes tengan claro que les va a aportar más un «sí» que un «no». Proponer nosotros la solución en lugar de esperar acontecimientos nos acercará a alcanzar aquello que realmente queremos.

A lo largo de mi formación universitaria he tenido que enfrentarme a numerosas situaciones donde ni el plan A ni el plan B funcionarían y era necesario un plan C y, por supuesto, no en todas las ocasiones fui capaz de ver ese plan C. Una de las veces en las que sí lo hice —para mi suerte— fue cuando realicé parte de mis estudios en la Universidad de Berkeley, en Estados Unidos. Llegar allí ya fue complicado porque tuve que desoír las muchas voces que me animaron primero a no solicitar la beca de estudios y segundo a no pedir Berkeley ni UCLA como destinos porque era «imposible que me eligieran». Y se trataba de voces autorizadas puesto que eran las mismas que luego procesaban mi solicitud para estudiar en la Universidad de California (a la que pertenecen los campus de Berkeley y UCLA, entre otros). Gracias a mi testarudez o a pensar/soñar que era posible, decidí solicitar UC Berkeley en primer lugar, y tuve la suerte de ser aceptado. El sueño se cumpliría. Eso sí, sin beca económica («todo tiene un precio», pensé).

El plan C llegó cuando acudí al campus por primera vez y vi que me habían inscrito dentro de la rama de Lingüística y por tanto solo podía elegir asignaturas de dicha rama. Esto para mí era como estar en un parque temático y que te digan que con tu entrada solo te puedes montar en cuatro atracciones. Yo quería subirme en todas. El plan B era pedir un cambio de departamento, pero esto suponía volver a solicitar la beca con el muy probable riesgo de no ser aceptado por entrar fuera de plazo. Con el «no» como respuesta, decidí informarme hasta el final y, tras acudir a las tres oficinas a las que me dirigieron, finalmente logré dar con la persona que más conocía sobre el asunto y, cuál fue mi sorpresa cuando me dijo que, aunque nunca se había dado un caso similar (al parecer ningún alumno antes había solicitado estudiar más asignaturas de las que le correspondían), por supuesto era posible que cursara asignaturas de cualquier otra facultad. A veces pensamos que algo no es posible por el simple hecho de que nadie lo ha preguntado o intentado antes, como le sucedió a Kathrine Switzer en aquella maratón de Boston.

Pocas veces una noticia me ha sentado tan bien como las palabras que escuché en aquel despacho de Berkeley. Minutos después me estaba matriculando en asignaturas de temáticas con las que soñaba, casi todas pertenecientes a la Haas School of Business, todo un santuario para los amantes del *management* como yo empezaba a serlo. Con siete premios Nobel en el mismo edificio, la motivación para estudiar y para desarrollar ideas parecía flotar en el aire e inspirar a todo aquel que pasara por allí. Incluso llegué a cursar una asignatura de doctorado, ya que era la única que ofrecía una temática que me pareció interesante: Deporte, Política y Desarrollo. Poco sabía entonces sobre lo mucho que influiría en mí aquella asignatura: años después crearía una ONG que utiliza el deporte como herramienta de inclusión social, después iniciaría mi doctorado analizando la relación entre la práctica deportiva y el desarrollo de líderes que mejoran la sociedad y por último este libro... Seguramente todo nació en aquella aula de Berkeley y gracias a la influencia de los profesores que tuve ese año. Cuestionarme las cosas nada más llegar a Berkeley me permitió no solamente aprender mucho más, sino aprender lo que realmente quería. Algo parecido le sucedió al jugador de Boston Celtics Jaylen Brown, quien compagina su carrera en la NBA con su constante formación y asistencia a eventos relacionados con la educación. Brown, que ha llegado a impartir charlas en el prestigioso MIT (Instituto Tecnológico de Massachusetts[7]) y que comparte tres aficiones con Pau Gasol (leer, aprender idiomas y tocar el piano), durante su etapa de estudiante en la Universidad de Berkeley consiguió que le permitieran cursar una asignatura de posgrado pese a no haber terminado aún la carrera. Él también probó con el plan C y le funcionó, como a mí. Me pregunto si la persona que nos lo permitió hacer fue la misma...

Precisamente años más tarde, en uno de los estudios correspondientes a mi doctorado, pude observar cómo los estudiantes de posgrado que practicaban o habían practicado deporte mostraban una mayor preferencia por implantar nuevas ideas y les motivaba más desarrollar nuevas ideas respecto a los estudiantes que no practicaban deporte. Creatividad y emprendimiento se presentan como dos facetas que van de la mano y en las que el deporte parece actuar como un potente catalizador. Los resultados del estudio también arrojaron otro dato interesante: los estudiantes que habían realizado algún voluntariado a lo largo de sus vidas también se mostraban más creativos que el resto. Y no solo eso: practicar más de dos deportes a la semana aumentaba aún más los índices de creatividad percibida. El deporte no solo nos hace más creativos, sino que practicar diferentes deportes nos incrementa todavía más la sensación de que somos creativos, lo que se acaba traduciendo en una mayor confianza en nosotros mismos y en que nuestros proyectos saldrán adelante. La creatividad se ve más afectada (positiva o negativamente) por lo que pensamos sobre nosotros mismos que por lo que realmente somos.

Kathrine Switzer, Severiano Ballesteros y Lonnie Cooper lograron cambiar las reglas siguiendo las reglas. Lograron desafiar el *statu quo* ofreciendo soluciones creativas acompañadas de un enorme talento en sus respectivos trabajos. Cuando la creatividad y el talento se unen, el éxito tiene más motivos para aparecer. O, como diría el maestro de la cocina Ferran Adrià, «cuando se unen talento y creatividad, somos capaces de hacer cosas diferentes», y en la diferencia yace precisamente la creatividad. Ser creativos no es en sí mismo un talento, sino una forma de actuar. Se trata más de hacer que de ser. Para ser más creativos hay que hacer cosas creativas, y esto implica luchar contra ese enemigo interno que nos dice que no somos creativos. Para Adrià, podemos desarrollar la creatividad desde dos prismas: a nivel gerencial y a nivel operativo. En el nivel gerencial se trata de componer, lo que hace el chef o el líder al marcar la visión. Y a nivel operativo se trata de interpretar, lo que hacen los cocineros con el plato que ha creado el chef, siendo ambos roles básicos para que la creatividad se traduzca en resultados. Los mejores líderes componen y los mejores equipos interpretan. No sirve de nada interpretar mal algo que se ha creado muy bien ni tampoco interpretar muy bien algo mal ideado. Tanto si estamos en puestos directivos como de ejecución, tenemos la posibilidad de desarrollar nuestra creatividad y dar nuestro toque a los proyectos que creamos o para los que trabajamos.

Para Pablo Laso, entrenador del Real Madrid de baloncesto, la creatividad permite además que nos alimentemos unos de otros. Según él, «el entrenador está obligado a aprender de sus jugadores. El jugador es el que innova. Tú como mucho le das la idea». La clave reside en cómo se interpreta esa idea sobre la cancha y en qué libertad tiene el jugador (o trabajador o hijo) para interpretarla.

Laso también aporta otra clave que pone en valor el esfuerzo y su relación con la creatividad. «La complacencia es mala en la vida porque siempre hay alguien que está trabajando para ganar». Aunque las personas perfeccionistas a menudo se ven a sí mismas como menos creativas, su carácter inconformista les hace no dormirse en la complacencia —está en su ADN—, y gracias a ese esfuerzo sostenido acaban realizando tareas creativas e innovadoras y no se conforman con la primera solución que encuentran, algo esencial para la mejora continua.

La calidad suele ser consecuencia de la cantidad y del inconformismo; esta es la esencia de la mejora continua. Laso también da ejemplo: cuando otros se habrían ido de vacaciones en busca de un merecidísimo descanso, lo primero que hizo él nada más retirarse fue irse veinte días a Estados Unidos para formarse, aprender y ver también aquello que no quería aplicar. Como veíamos en el capítulo anterior, Laso también decidió anticiparse para crear su futuro y hoy en día sigue aplicando la creatividad y la innovación en las decisiones que toma. Por cierto, Laso, que fue jugador antes de ser entrenador, era bajo (1.78 m), incluso para ser base, poco atlético y con una mecánica de tiro lenta. Sin embargo, logró desarrollar una exitosa carrera también como jugador. Al igual que veíamos en el caso de Curry y de Butragueño, la creatividad nos ayuda a anticiparnos, a pensar más rápido, a buscar nuestro hueco y a poner el foco en nuestras fortalezas para lograr aquello que deseamos, aunque no tengamos el cuerpo o la formación idóneos para el puesto.

Como líderes, empresarios/as, maestros/as, padres o madres, ¿proyectamos nuestros miedos en nuestros hijos/as o trabajadores/as o les permitimos desarrollar su creatividad y aprendemos a convivir con esos miedos? Por ejemplo, si como padre prefiero que mi hijo juegue al tenis en lugar de hacer escalada porque me siento más seguro de esa forma, es probable que, inconsciente o conscientemente, reduzca su abanico de opciones.

Lo mismo sucede si decidimos enviar a nuestros hijos al extranjero. Hace poco hablaba con una gran amiga que acababa de enviar a su hijo a Irlanda durante un año académico y había pasado una noche terrible al enterarse de que le habían llevado al hospital por una gastroenteritis y sentir que no podía hacer nada desde aquí. Al oír su testimonio y ver su situación, me surgieron las siguientes palabras: «Cada vez que notes dolor por no poder hacer nada, piensa que le estarás dando músculo a él para crecer como persona». No le di mucha importancia a aquella conversación —aunque empaticé mucho con su dolor—, pero ese mismo día me dijo que aquella frase le había ayudado a ver todo desde una óptica totalmente diferente. Al salir de su marco de referencia para entrar en el de su hijo se dio cuenta de que, al no estar allí, estaba permitiendo que él se desarrollara y madurara como persona a un ritmo mucho más rápido que si estuviera con él, con aprendizajes que sería imposible experimentar de otra manera. Y el dolor y la falta de control son parte del proceso de aprendizaje, en el que no solo él está creciendo como persona, sino también ella desde la distancia.

La creatividad, como el crecimiento personal, necesita espacio, la posibilidad de manejar opciones y elegir entre ellas. He aquí unas claves[8] para fomentar la creatividad tanto en nuestros equipos como en la educación de nuestros hijos/as o estudiantes:

1. Ofrecer recursos para que puedan desarrollar su expresión creativa, darles un contexto. Ballesteros seguramente no

habría sido jugador de golf si no hubiera tenido un campo al lado de casa. Pero quizás tampoco habría sido el jugador creativo que fue si no hubiera podido experimentar sobre la arena de la playa.

2. Fomentar la diferencia. Dar apoyo y animar a producir ideas distintas escuchándolas y valorándolas ayudará a aumentar el espectro de actuación de nuestros equipos. Cuando observamos que salirse del patrón no solamente no está mal visto, sino que es una opción, estaremos fomentando resultados mucho más creativos. El mayor peligro contra la creatividad consiste en encorsetarla en un estándar.

3. Animar a que los equipos incorporen nuevas prácticas en su trabajo. Un ejemplo puede ser juntar a dos equipos que normalmente no trabajan juntos para que desarrollen juntos una idea innovadora, un proceso conocido como fertilización cruzada (*cross-fertilization*).

4. Fomentar la lluvia de ideas (*brainstorming*). El auge del trabajo cooperativo y del trabajo en equipo está convirtiendo esta tarea en algo cada vez más complejo, dado que requiere un trabajo individual en alguna de sus fases. El trabajo en equipo resulta fantástico, pero no solo no es la única opción, sino que a veces puede constituir el mayor enemigo de la creatividad. Como en todo, la clave radica en la mezcla.

5. Dar autonomía. Kathrine Switzer logró que la mujer pudiera participar en carreras de maratón en parte gracias a que su entrenador le dio la autonomía para elegir las pruebas en las que quería competir. Imponer carreras, ideas o proyectos a nuestra gente a veces puede ir en contra de su crecimiento y, en última instancia, del nuestro ya que, por muy buenas que sean estas acciones, no las verán como suyas.

De casualidad o de forma premeditada, Kathrine Switzer, Severiano Ballesteros y Lonnie Cooper usaron su creatividad para lograr cambiar las reglas siguiendo las reglas, para promover el cambio desde dentro. No puede haber progreso sin que se produzcan cambios, y la creatividad es uno de los mayores catalizadores para lograr ese cambio deseado.

CAPÍTULO

Pensamiento crítico
Cuestiona las cosas y replantéate tus prioridades

«No levantes la voz, mejora tu argumento».

Desmond Tutu

1. Cómo estimular el pensamiento crítico: Cuando las preguntas importan más que las respuestas

Cada verano, los equipos NBA regresan de sus vacaciones y comienzan los entrenamientos con vistas a la nueva temporada que se avecina. En todos los equipos los entrenadores esperan a sus jugadores anhelando que no hayan perdido la forma física en el período de descanso y preparados para imprimir mucha intensidad en unas semanas que serán cruciales para el devenir del resto de la temporada —siembra en pretemporada para recoger los frutos en la temporada—. Pero hay un equipo en el que el entrenador no solo recibe a sus jugadores con un entrenamiento intenso sino con algo más: con preguntas. Ese es Gregg Popovich (*Pop* para sus jugadores).

Cada verano, el entrenador de San Antonio Spurs regresa a los entrenamientos con preguntas para sus jugadores del tipo: «¿Quiénes fueron los primeros exploradores en poblar el oeste de Estados Unidos? o «¿cuál es la cuarta ciudad santa del Islam?». Esta tradición de realizar preguntas a sus jugadores para estimular su curiosidad y pensamiento crítico ha acabado convirtiéndose con los años en un concurso al estilo

Trivial para ver cuánto saben los jugadores sobre temas que van más allá del baloncesto[1].

Gracias en parte al estímulo intelectual que el líder Popovich imprime a esta fase tan importante de la temporada, el equipo tejano ha sido reconocido como la franquicia más progresista dentro de la que para muchos es la liga deportiva estadounidense con mayor conciencia social. Durante muchos años, ser ciudadanos informados ha sido un prerrequisito para formar parte de los Spurs, una regla no escrita pero que todos intentan seguir a rajatabla. ¿La razón para Popovich? Conocer otras realidades te hace vivir una vida más plena y también tener más motivos para querer jugar con y para otros. El balance en las últimas décadas es abrumador: San Antonio Spurs se ha clasificado para los *playoffs* en los últimos 21 años consecutivos —desde 1998 no ha fallado ni un solo año pese a las muchas bajas que han sacudido al equipo en los últimos años—. No solo supone el récord de participaciones consecutivas en la historia de la NBA, sino también en la historia de todo el deporte estadounidense[2]. En estos veintiún años, los Spurs también han logrado ganar cinco anillos —los mismos que Los Angeles Lakers en el mismo período—. En una liga en la que hoy estás arriba y mañana abajo, y viceversa, este dato resulta escalofriante. ¿Ha logrado todo esto el equipo de Popovich gracias a ese concurso veraniego de preguntas? Seguramente estar informados sobre lo que pasa en el mundo no les ha hecho ganar, pero sí les ha hecho ser mejor equipo. Y ser mejor equipo te acerca más a la victoria.

«Si solamente hablara de baloncesto, estaría aburridísimo. ¿Cuánta satisfacción te puede aportar hacer cien tiros en suspensión o enseñar a alguien a cortar las líneas de pase? Sí, me gano la vida con eso, pero creo que hay cosas más importantes de las que podemos y debemos hablar». Para Popovich, el baloncesto no va solo de baloncesto. En otras pretemporadas anteriores ha invitado a diferentes ponentes para que compartan sus vivencias con el equipo. Uno de ellos fue John Carlos, el atleta olímpico que levantó su puño durante la entrega de medallas en los Juegos Olímpicos de 1968 en señal de protesta por los derechos civiles del colectivo afroamericano en Estados Unidos, y por lo que sería condenado al ostracismo en su país en los años posteriores. Otra de las iniciativas recientes de Popovich ha sido llevar a toda la plantilla a ver el musical de moda del momento, *Hamilton*, y también ha organizado el visionado de películas como *Chi-Raq*, de Spike Lee, quien respondió a las preguntas de los jugadores después de la película y compartió cena con ellos. Ningún asunto político o social escapa a Popovich —es sabida su capacidad para hablar de temas delicados con gran sensatez—, para quien resulta esencial conectar con los jugadores fuera de la cancha para hacerlo después dentro. «Ganar no me define. Si gano un partido, estoy bien. Si lo pierdo, me duele, pero se me pasa pronto. Hay cosas mucho más importantes». Toda una declaración de intenciones, teniendo en cuenta que en su profesión —como en tantas otras— se vive del resultado y lo que ayer eran éxito y ovaciones mañana pueden ser fracaso y despido.

Ser auténtico cada vez es más difícil en una sociedad en la que nos preocupamos más por encajar que por ser nosotros mismos, aunque Popovich parece estar al margen de esto, quizás debido a su arrolladora personalidad. Como argumenta la investigadora social Brené Brown en su brillante libro *Braving the Wilderness*, «en una cultura como la actual, donde priman el perfeccionismo y la complacencia, lo fácil es quedarse callado, esconderse en los búnkeres ideológicos o amoldarse, en lugar de mostrarnos como verdaderamente somos y afrontar el territorio de la incertidumbre y la crítica». Ella lo vivió en sus propias carnes: pasó su infancia perteneciendo a una minoría (racial y religiosa) y a los trece años ya había vivido en seis ciudades distintas, con las consiguientes dificultad y frustración por intentar encajar en cada nuevo grupo de amigos. Para Brown, en una época en la que todo tiende a la polarización —parecemos obligados a estar de un lado o de otro en cualquier tema—, necesitamos redefinir el concepto de *pertenencia*, y fomentarlo constituye una práctica diaria que requiere integridad y autenticidad, dos atributos que definen a la perfección a Popovich. Decir lo que piensa (siempre con respeto, pero decirlo) y pensar lo que dice. Incluso en un estado conservador como Texas, Popovich se ha ganado el cariño de la población pese a tener una opinión contraria a la mayoría sobre muchos temas importantes. Y, paradójicamente, quizás esto le ha hecho encajar mejor en esa comunidad. A veces pensamos que ser auténticos hará que seamos menos aceptados o queridos, pero la realidad demuestra justo lo contrario. Y parece que Popovich lo tiene bien aprendido. Puede parecer que esta habilidad de hablar de todo sin tapujos se debe a que sus éxitos y su larga trayectoria le hacen permitirse licencias que otros no pueden, pero lo cierto es que Popovich lleva actuando así desde sus inicios en los Spurs. La autenticidad también requiere coherencia.

Los Spurs no son el único equipo que ha aplicado esta filosofía de formar a la persona por encima del deportista. En otras disciplinas también encontramos ejemplos inspiradores, como en el caso de los All Blacks de Nueva Zelanda. Uno de los mantras más conocidos del equipo deportivo con mayor porcentaje de victorias de la historia del rugby y de todo el deporte profesional (cuenta con un 86 % de victorias) es el de «mejores personas hacen mejores All Blacks». En su libro *Legado,* el periodista James Kerr extrapola los aprendizajes del rugby a nuestra vida personal y profesional y analiza las claves que han llevado al equipo neozelandés a ser mucho más que un equipo y una marca reconocida mundialmente. Lo mejor de reforzar el concepto de «mejores personas hacen mejores jugadores» en nuestros equipos u organizaciones no es únicamente que apela a nuestra conciencia social y que nos hace mejor equipo; además permite crear nuestra propia narrativa, que no es otra cosa que por lo que queremos que nos conozcan. Si te pregunto si recuerdas alguno de los últimos resultados de los All Blacks es probable que no lo sepas o recuerdes. Y el caso es que tampoco importa mucho porque todos sabemos que son los mejores. Incluso si no hemos visto nunca un partido de rugby. Ya no importa tanto si han ganado el último partido o mundial; han trabajado tanto la narrativa que su marca está muy por encima de sus resultados. Ganar es importante, y representa una de las virtudes de este combinado, pero precisamente para mantener la senda de la victoria es necesario ver más allá y centrarnos en quiénes somos y en para qué hacemos lo que hacemos. Incorporar una visión externa (como hace Popovich cuando invita a ponentes externos en pretemporada) supone una buena forma de lograr ese aire fresco que mantiene la circulación del sistema. Hablar todo el tiempo de baloncesto no tiene por qué hacerte mejor jugador o mejor equipo. Hablar y aprender sobre otros temas permitirá que tengas más puntos en común con otras personas, y esa visión del mundo, de lo que pasa alrededor, se acaba trasladando a la cancha, según el maestro Popovich.

Curiosamente, la influencia de Popovich va mucho más allá de sus propios jugadores. Más de un tercio de los equipos de la NBA están dirigidos por entrenadores o directores generales que han trabajado con Popovich en San Antonio Spurs y entienden el valor de promover la cultura en la organización. Los Spurs son el equipo que otros equipos quieren ser. En una industria dominada por objetivos a muy corto plazo y por constantes cambios de liderazgo y baile de entrenadores, resulta interesante aprender de la relación que ha mantenido unidos a un entrenador y a un equipo durante más de veinte años. En los equipos deportivos, en nuestra empresa o en nuestra vida personal, resulta difícil convivir durante más de dos décadas si no se permite espacio para la autenticidad y la crítica constructiva.

Al igual que veíamos en el primer capítulo, si tu pasado o tu carrera no te definen, tampoco debería hacerlo tu profesión. «Creo que es triste si la imagen de una persona sobre sí misma se basa únicamente en su trabajo. Seas jugador de baloncesto, fontanero, médico o cartero, ¿por qué no intentar vivir una vida más interesante que incluya a otras personas, otras culturas y otros mundos?», argumenta Popovich. Esta circunstancia la he vivido frecuentemente en mi trabajo con deportistas que afrontaban la retirada. A muchos les ha costado separar la persona del personaje. Aferrarnos demasiado a una marca (club, empresa, etc.) a menudo puede hacer que nos volvamos presos de ella y que se haga más dura esa transición el día en el que nuestra relación con ella llegue a su fin.

Otro aspecto importante para desarrollar el pensamiento crítico es el fomento de la diversidad. Para Popovich, la diversidad de los miembros del equipo constituye una cualidad que deben promover los líderes, ya que los equipos diversos suelen ser más ricos (diversos artículos científicos avalan su teoría[3]). Toda organización necesita tener *sprinters* y maratonianos, a los que Adam Grant en su libro *Originales* menciona como *innovadores conceptuales* e *innovadores experimentales*, gente que piensa distinto a corto y a largo plazo. En el caso de los Spurs, contar con muchos jugadores internacionales en su plantilla anima a que otros sientan curiosidad por saber más sobre otras partes del mundo y también sean más críticos con su propio país. Gente de países distintos que aporta miradas diferentes. Además, Popovich se encarga personalmente de ello, ya que les suele lanzar preguntas para ver si saben lo que está pasando en el mundo en ese momento. Fomentar la diversidad nos ayudará a potenciar el pensamiento crítico de los miembros de nuestros equipos. Al incorporar a personas de otras culturas y disciplinas, verán la realidad con otros ojos y nos harán preguntas, a menudo incómodas, que cuestionarán cómo se han estado haciendo las cosas hasta el momento, que es la única manera de mejorarlas. A mayor diversidad, más curiosidad, y cuanto mayor sea nuestra curiosidad, mayor será nuestra capacidad de aprendizaje. En una época en la que utilizamos los medios como las redes sociales principalmente para compartir pensamientos absolutos, necesitamos más que nunca poner el foco en alabar las contradicciones, en poner en valor a las personas que cambian de opinión[4].

«La cuarta ciudad más sagrada del Islam es Harar, ¿en qué país está?», preguntó Popovich a sus jugadores en uno de los concursos que realizaron en pretemporada. Ginóbili sabía que la respuesta era Etiopía y a Popovich no le sorprendió en absoluto (el argentino suele ser de los que más aciertan). Quizás a estas alturas ya hayas buscado la respuesta si te picó la curiosidad...

2. Las paradojas de la montaña

Hace unos meses cumplí uno de los objetivos que me había marcado para 2018: hacer una excursión en raquetas de nieve por la sierra acompañado de un amigo. Aunque hay gente a la que no le gustan las listas de objetivos a principios de año, yo me hice una con doce para 2018. Aun sabiendo que algunos eran muy difíciles de cumplir, mirando en retrospectiva no puedo estar más contento. He logrado hacer solo la mitad, pero ya es seis veces más de lo que me propuse el año pasado. A mí al menos sí me ha funcionado y algunos de ellos llevaban rondándome la cabeza varios años, como esta excursión.

Lo que más me apetecía no era disfrutar de la montaña en sí —que también—, sino hacerlo en buena compañía, y para ello elegí al mejor guía posible. Un buen amigo se prestó para tener la paciencia de acompañarme en la ruta y organizar todo —siempre he pensado que uno de los mayores gestos de generosidad es correr o andar con alguien a un ritmo muy inferior al tuyo—. La ruta elegida por el experto era sencilla: un paraje cerca del puerto de Navacerrada, al norte de Madrid, y en una zona alejada de esquiadores en un día y a una hora con poco tránsito. En resumen, estábamos totalmente solos —en seis horas de ruta nos cruzamos con cuatro personas—, que era lo que me apetecía y necesitaba. A mitad del trayecto, cuando ya encarábamos el lado norte de la montaña para comenzar nuestro regreso, vimos cómo un helicóptero pasaba a nuestro lado y se dirigía velozmente para socorrer a alguien. En mi caso, era la primera vez que veía algo parecido, pero mi amigo ha visto unos cuantos rescates y ha llegado a participar en alguno salvando incluso una vida, y estos acontecimientos siempre te remueven mucho dentro de ti al imaginarte lo que ha podido pasar y rezar para que no haya sido nada grave (aunque la llegada del helicóptero suele presagiar cierta gravedad).

Como el helicóptero se dirigió hacia la montaña que teníamos enfrente, una vez que vimos imposible acercarnos para ayudar en lo que fuera posible, me vino a la cabeza una pregunta que quizás haya venido a la mente de algún lector, y no pude evitar hacérsela a mi amigo: «Cuando el rescate se produce por la temeridad de algún esquiador que no ha cumplido las reglas, ¿quién es el responsable de pagar el rescate en helicóptero?». Él me respondió: «Esto me lo preguntan mucho. Si la persona comete una negligencia, en ese caso sería responsable económica del rescate». «Guau», fue mi respuesta. «Esto debe costar un dineral». En ese mismo momento, otra duda me asaltó. «¿Por qué la gente se pregunta si el rescate en caso de negligencia lo paga el rescatado y nadie se pregunta si el borracho debería pagar la ambulancia cuando atienden a alguien por un coma etílico?», le pregunté a mi amigo. «Pues es una buena pregunta...», me contestó. Esta curiosidad me llevó a investigar sobre el asunto y la duda se confirmó: a modo de ejemplo, en 2013 se realizaron 892 intervenciones en las que fueron rescatadas 3187 personas (de las que resultaron 2618 ilesas, 475 heridas y 94 fallecidas). En paralelo, según la Sociedad Española de Medicina del Adolescente (SEMA), más de cinco mil menores son atendidos cada año en España por intoxicación etílica. Parte de nuestra sociedad se pregunta si tiene sentido emplear fondos públicos para rescatar a esos montañeros, cuya imprudencia o falta de planificación podría haberles llevado a esa situación[5]. ¿Y por qué una situación de igual o mayor importancia, dado que hablamos de menores de edad, no genera la misma controversia que los rescates de montaña?

Este fenómeno tiene una explicación científica, la denominada *ley de conformidad,* a la que hacíamos referencia en páginas anteriores. Se da por hecho que la gente va a beber —se acaba normalizando— y, como la montaña no forma parte de nuestro día a día, nos sorprende más. El hecho de ver a más personas atendidas por ambulancia por coma etílico que rescatadas en helicóptero no hace a las primeras menos responsables. No por repetirse más se convierte en mejor. No porque una mala acción se reitere mucho se transforma en una buena acción. Es simplemente una mala acción repetida muchas veces.

Algo parecido ha sucedido con las múltiples quejas porque existan multas por no retirar las heces de nuestros perros en la calle, pero no cuando lo que se deja son colillas. Cuestionarnos estos asuntos es el primer paso para cambiar aquellos que la sociedad considere que deben ser cambiados.

Si miramos hacia atrás, es probable que veamos que la mayoría de las cosas buenas que nos han pasado han sucedido por haber cuestionado las cosas, por pensar que era posible un plan C, como veíamos en el capítulo 3 sobre la creatividad en el ejemplo de mis estudios en UC Berkeley o del agente NBA Lonnie Cooper. Pero ese plan C no suele venir en los panfletos, ni siquiera suele aparecer como opción. Para tener la creatividad de pensar en un plan C, antes debemos pensar que es posible (a menudo somos nosotros quienes negamos esa posibilidad), y para pensar que es posible hemos de cuestionar todas las opciones. Una vez que hayamos hecho esto, solo deberemos tener en cuenta que proponer esa tercera opción depende de nosotros.

3. El lenguaje condiciona (y mejora) nuestro pensamiento

El uso del lenguaje también nos puede ayudar enormemente a fomentar el pensamiento crítico. El lenguaje genera realidad y, por tanto, si lo cuestionamos, cuestionaremos la realidad y daremos el primer paso para mejorarla. Ejemplo de ello es la periodista sorda Vicky Bendito y su campaña en change.org para que sustituyan la palabra *disminuido* de la Constitución Española y lograr así normalizar la discapacidad en nuestra sociedad.

Para Daniel Kahneman, profesor de psicología en Princeton y premio Nobel en 2002, los seres humanos creemos que entendemos el pasado, lo que implica que podemos predecir el futuro de forma más acertada, pero en realidad entendemos el pasado mucho peor de lo que pensamos, puesto que en la mayoría de las ocasiones nos engañamos a nosotros mismos construyendo historias alteradas del pasado y creyendo que son ciertas. En su libro *Pensar rápido, pensar despacio*, Kahneman argumenta que, para pensar mejor sobre el futuro, y por tanto tomar mejores decisiones, debemos limpiar nuestro lenguaje de las etiquetas que construimos en el pasado. Por ejemplo, acciones que nos parecían prudentes mirando hacia adelante nos parecen muy irresponsables cuando miramos hacia atrás en el tiempo. Al alterar nuestra percepción sobre la realidad en favor de lo que queremos hacer, conseguimos engañarnos a nosotros mismos, como cuando de pequeños nos convencíamos (o, lo que es peor, convencíamos a otros) de que aquella travesura era menos arriesgada de lo que realmente era.

En una época como la actual, en la que las organizaciones a menudo utilizan el lenguaje como impulso hacia la productividad y el sentido de pertenencia, debemos tener más cuidado que nunca porque es en el propio uso del lenguaje cuando invitamos a los trabajadores a comportarse de una forma u otra. Por ejemplo, en el escándalo Enron, que condujo a la quiebra de la firma estadounidense que contaba por aquel entonces con 22 000 empleados, y de Arthur Andersen y que se convirtió en la bancarrota más grande en la historia de Estados Unidos, la crisis se atribuyó a las malas prácticas contables, que incluyeron engaños a la junta directiva y presiones a Andersen para que ignorara los problemas, pero detrás de esos excesos también se encontraban ciertos mensajes de la compañía que animaban a ese comportamiento. «Somos una cultura agresiva» o «El dinero es lo único que nos motiva» eran algunas de las frases más repetidas en las reuniones y en las comunicaciones internas de la compañía.

Se trataba de una organización que había creado un entorno extremadamente competitivo, donde cada año se despedía a los trabajadores que se encontraban en el 15 % menos productivo. La *cultura de las espuelas,* como algunos la llamaban, acabó por fomentar comportamientos de supervivencia, no de excelencia. Resulta curioso que San Antonio Spurs y Enron compartieran la espuela como su seña de identidad (*spurs* significa «espuelas»), pero la usaran de manera muy distinta.

El lenguaje genera realidad y cuando lo unimos al comportamiento de los líderes, es decir, cuando unimos el «decir» con el «hacer», vemos la verdadera diferencia entre estos y los mejores líderes. Popovich es conocido por no ser precisamente el más afable de los entrenadores, pero su seriedad en las ruedas de prensa es coherente con su comportamiento como entrenador: exigir mucho y exigirse a él mismo primero.

En un artículo publicado en *Harvard Business Review,* Kevin Allen hace referencia a cómo el lenguaje es capaz de moldear nuestra organización y anima a realizar el siguiente ejercicio:

«Escribe algunas de las frases y expresiones que utilizas habitualmente con tu equipo. Échales un vistazo una vez escritas y pregúntate qué tipo de acciones crees que invocan. ¿Qué comportamientos crees que tus empleados llevarán a cabo cuando las escuchen? Si ya utilizas algunas frases a modo de mantra, escribe aquellas frases que corren a lo largo de la organización. ¿Son frases sanas o necesitas desprenderte de algunas de ellas?».

Si aún no empleas un lenguaje rico, tienes la oportunidad de moldearlo y de añadir este lenguaje tanto a tu motivación intrínseca como a tus comunicaciones para inspirar y movilizar a tu gente. El lenguaje cuidado, cuando se comparte, ofrece una oportunidad única de cristalizar la esencia de tu organización, así como aquello que busca.

La combinación de lenguaje y cultura también nos puede aportar herramientas valiosas para entrenar nuestro pensamiento crítico. Por ejemplo, dominar varios idiomas no solo nos hace más empleables, sino que además nos permite tomar mejores decisiones porque reduce nuestro sesgo y nuestros prejuicios gracias a la mayor riqueza de nuestro lenguaje. Según los estudios llevados a cabo por la científica Lera Boroditsky, nuestro idioma condiciona nuestro pensamiento, la manera en la que vemos el mundo. Por tanto, hablar varios idiomas nos permite expandir nuestra capacidad de pensamiento. Veamos un ejemplo: toma una nota de papel y escribe dos adjetivos que te vengan a la mente sobre la palabra *puente* antes de seguir leyendo estas líneas. ¿Ya? Pues bien, si eres español, es probable que alguno de estos dos adjetivos sea sólido, estable, duro o algún otro sinónimo. Sin embargo, si eres alemán, resulta probable que alguna de las dos palabras que hayas escrito sea «bello» o «bonito». La razón está en el idioma. *Puente* es masculino en español y el género de la palabra condiciona nuestro pensamiento porque conectamos la masculinidad con cualidades relacionadas con la fuerza y robustez. En cambio, *puente* en alemán es femenino *(die Brücke)*, lo que en muchos casos nos lleva a elegir palabras relacionadas con la belleza o la sutileza. Por este motivo, conocer diversos idiomas nos permite observar la realidad desde más prismas, entender que las cosas no son blancas o negras, masculinas o femeninas, sino que pueden ser de diversas formas. Entender que la realidad en sí misma es neutra cambia nuestras interpretaciones de ella. Por tanto, una buena forma de no vernos condicionados por etiquetas como las de masculinidad o feminidad reside en aprender otros idiomas. Cuantos más idiomas sepamos, mayor será el espectro de nuestro pensamiento. Trasladado al entorno laboral, cada vez son más las organizaciones que están fomentando la contratación de equipos multiculturales precisamente porque al contar con personas de distintas procedencias la empresa posee un abanico más amplio para resolver los problemas de forma distinta. Haciendo un símil futbolístico, es como tener en tu equipo a jugadores con recursos distintos para utilizarlos en función de las necesidades del partido. Todos sabemos que, si contamos con tres delanteros con las mismas características, tendremos menos capacidad de resolver los esquemas tácticos que nos ponga el rival. La diversidad nos enriquece y nos hace más inteligentes individual y colectivamente, como veíamos en el caso de los San Antonio Spurs y de lo mucho que aportaban los jugadores internacionales, que va más allá de la cancha.

Con el pensamiento crítico sucede igual que con el aprendizaje de un idioma extranjero: tiene un efecto multiplicador tanto en nuestros hijos como en nuestros equipos. Como refleja Adam Beck en su libro *Maximize your child's bilingual ability*, nuestras acciones, por pequeñas que sean, importan mucho más de lo que pensamos. Por ejemplo, cuando nos esforzamos por hacer que nuestro hijo o hija aprenda un idioma, no estamos impactando solo en él o ella (dándole una mayor capacidad lingüística), sino que lo estamos haciendo en «ellos», estamos regalándoles una mayor capacidad lingüística también a sus hijos, y es probable que también a los hijos de sus hijos. Este pensamiento resulta tremendamente poderoso y se aplica igualmente al pensamiento crítico. Animar a los que nos rodean a cuestionar las ideas antes de abrazar un determinado pensamiento les estará dando herramientas para hacer lo mismo con sus hijos o equipos de trabajo en el futuro. Y todo parte de un pequeño acto.

Por otro lado, conforme vamos creciendo la clave no está tanto en nuestra capacidad de aprender sino más bien en la de desaprender, en nuestra habilidad para desprendernos de conocimientos que nos sirvieron anteriormente pero que no nos servirán a partir de ahora. Se trata de nuestra capacidad para «utilizar más el lápiz» que el bolígrafo (como veíamos en el capítulo anterior con la historia de Lonnie Cooper); es decir, estar siempre listos para borrar sobre lo escrito nos ayudará a no ser presos de ello para evitar así que lo dicho o hecho nos condicione.

Veamos un ejemplo que se usa habitualmente en las formaciones sobre el cambio: si tienes a mano papel y lápiz, cógelos de nuevo y en una hoja en blanco dibuja una flor (tic, tac). ¿Ya? Si eres español, seguramente has dibujado una margarita. Cuando preguntamos por qué, la respuesta suele ser «porque es la flor más fácil de dibujar», pero lo cierto es que esto resulta relativo. Cuando realizamos este mismo ejercicio en otra cultura e idioma distintos, el resultado varía. Por ejemplo, para un holandés la flor más sencilla de dibujar es el tulipán (de hecho, es más fácil hacer un tulipán que una margarita, ya que posee menos trazos).

El verdadero motivo de hacer una margarita no se debe a que resulta la flor más fácil, sino a que es la primera que aprendiste. Y este aprendizaje queda marcado a fuego y nos cuesta mucho desprendernos de él y, por ejemplo, dibujar otro tipo de flor, especialmente cuando nos piden algo en muy poco tiempo y acudimos a nuestros instintos primarios, a nuestro sistema por defecto. Para cuestionar las cosas antes hay que desprendernos de muchos de nuestros aprendizajes. Para meter un aprendizaje nuevo en nuestra mochila seguramente deberemos sacar algo de ella antes, aunque no sea fácil desprendernos de parte de esa mochila. Y cuanta más experiencia acumulemos, más importante será sacar aprendizajes de ella —que seguramente esté llena— para hacer hueco a otros nuevos. Este ejercicio, aunque incómodo, nos permitirá seguir teniendo una mirada fresca ante el aprendizaje, así como cuestionar si lo que aprendimos hace tiempo nos va a seguir ayudando en el futuro. No se puede cambiar aquello que nunca se ha cuestionado.

Como veíamos en el capítulo 2, LEGO también aprendió a cuestionarse su propia identidad, haciéndose la pregunta «¿para qué existe el grupo LEGO?», y determinó la respuesta: «para ofrecer nuestros productos, cuyo diseño único ayuda a los niños a aprender a resolver problemas de forma creativa, una habilidad crucial en el siglo XXI». Y lo hizo poniendo el foco en la excelencia y en la diferenciación. En otras palabras, se centró en lo que sabía hacer especialmente bien, en no perder su autenticidad. El «qué» puede cambiar —como veíamos antes, empezaron vendiendo muebles—, pero el «por qué» ha de estar siempre presente (ofrecer materiales de la máxima calidad).

Cuando fomentamos el espíritu crítico en nosotros y en nuestros equipos (como hace Popovich con sus jugadores), cuando animamos a nuestros hijos, trabajadores o jugadores a no comprar la primera versión que les cuenten, a cuestionar las ideas antes de abrazarlas, a ampliar sus horizontes a través del lenguaje y a exponerse a otras culturas y a ser ellos mismos, estaremos dándoles herramientas para tomar mejores decisiones en el futuro. Y precisamente eso les hará más libres, ya que les estaremos ayudando a que dependan menos de la aprobación externa para tomar decisiones en momentos cruciales, les estaremos haciendo autónomos y responsables, dos competencias que cada vez adquieren más importancia.

No cuestionarnos las cosas puede suponer hacer un uso desmedido de los recursos, como sucede en el caso de los servicios médicos de urgencias y las ambulancias. Cuestionar las cosas, defender otros puntos de vista y mantener la autenticidad nos ayuda a convertirnos en pensadores autónomos y nos hace mejorar como personas, como empresas y, en última instancia y lo más importante de todo, mejorar como sociedad. Incluso cuando esto supone cambiar de opinión o equivocarnos. Especialmente cuando supone cambiar de opinión.

> «La medida de la inteligencia es la capacidad de cambiar».
>
> Albert Einstein

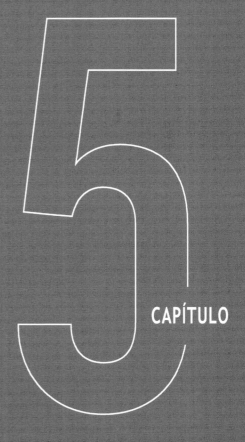

CAPÍTULO

Tolerancia a la ambigüedad
Empezar perdiendo no es perder

«Mi situación actual no es mi destino final».

Proverbio indio

1. Las dimensiones de la resiliencia

Cada década hay palabras que entran a formar parte de nuestro vocabulario y poco después son tan comunes que tenemos la sensación de haberlas estado utilizando toda la vida. Uno de estos términos es el de *resiliencia,* concepto muy empleado en el ámbito del desarrollo personal y también en el de la gestión empresarial. La palabra, cuyo significado procede del campo de la ingeniería —la capacidad de un objeto o sistema para recuperar su estado inicial cuando ha cesado la perturbación a la que había estado sometido—, ha tomado una nueva acepción adaptada al ser humano —la capacidad de adaptación de una persona frente a un agente perturbador o un estado o una situación adversos—. Pero esta necesidad de recuperarnos ante la adversidad no es ni nueva ni diferente. Pese a que en algunas organizaciones se escucha mucho la frase «este año es época de cambios», todos sabemos que siempre lo ha sido y siempre lo será. Las especies que mejor se adaptan a ellos son aquellas que sobrevivirán, decía el aclamado Darwin. Aún recuerdo una de las frases que me marcaron en uno de mis primeros trabajos. Al verme un día un tanto agobiado, un compañero se acercó y me dijo: «¿Qué tal todo?». A lo que respondí: «Ahí vamos, con un poco de agobio, pero seguro que pasará pronto». Y cuál fue mi sorpresa al escuchar su respuesta: «No te preocupes, que el mes que viene será peor».

No sabemos si el mes que viene será peor, pero sí que seguramente será distinto. Por lo tanto, adaptarse no es una opción, es una necesidad si queremos evolucionar como personas, al igual que lo fue en nuestra evolución como especie. Pero la adaptación al cambio es más difícil de ver en los humanos que en otras especies. Resultaba fácil ver que una jirafa que tenía el cuello más largo podía agarrar las hojas situadas a más altura, pero no lo es tanto ver cómo una persona logra «sobrevivir» en la empresa cuando de repente cambian todo el *software* y toca aprender desde cero o cuando piden que las comunicaciones se hagan en inglés de aquí en adelante y toca desempolvar el idioma de la caja. No es que las hojas cada vez estén más altas, es que las de abajo ya nos las hemos comido y nos toca seguir creciendo.

¿Pero qué es realmente la resiliencia y qué aspectos la componen? La resiliencia está formada por tres dimensiones: la personalidad resistente (*hardiness*), la ingeniosidad (*resourcefulness*) y el optimismo. Diversos estudios muestran cómo estas características son capaces de predecir, entre otras cosas, el éxito emprendedor, es decir, la capacidad de que convirtamos en realidad lo que queremos hacer. En otras palabras, fomentar estos tres factores puede ser tanto o más importante que levantar el capital necesario para el proyecto. Esto resulta bastante transgresor, ya que *a priori* lo más importante para, por ejemplo, montar un negocio sería el dinero necesario para arrancarlo, pero la realidad muestra lo contrario: de poco sirve tener los fondos si, una vez puesto en marcha el proyecto, nos venimos abajo tras comprobar que en el primer mes las cifras de venta resultan mucho más bajas de lo esperado. Esto le sucedió a uno de mis clientes, que por suerte ahora lo recuerda como una anécdota. Es más fácil levantar dinero que el estado de ánimo. Aunque obviamente a menudo lo primero trae consigo lo segundo.

Estas tres cualidades suelen actuar como catapulta para lograr los resultados esperados y, sobre todo, para no desfallecer si no llegan en un primer momento. Por ejemplo, si me conozco bien como emprendedor, si soy capaz de tolerar la ambigüedad, de gestionar mi estado de ánimo en momentos de mucha incertidumbre y tengo el optimismo necesario para afrontar el proyecto, aumentaré la probabilidad de que la reunión con el inversor resulte satisfactoria. Si, por el contrario, llego a ella con más preocupación que ilusión, la probabilidad de éxito caerá estrepitosamente. Como argumenta Simon Sinek, la gente no compra qué hacemos, sino por qué lo hacemos. Y en ese porqué reside nuestro motor. Aunque no tengamos muy claro el «qué» del proyecto, tener claro el «porqué» nos ayudará a generar ese punto extra de confianza para afrontar los retos que tengamos por delante.

Pero para entender mejor el concepto de resiliencia e incorporarlo a nuestra caja de herramientas, hay dos factores que debemos añadir a la ecuación: la perspectiva y el efecto propagación.

1. La perspectiva es básica para ser objetivos con nuestro propio desempeño. En *El punto clave,* el escritor Malcolm Gladwell aportaba un dato llamativo sobre la gripe: en el segundo semestre de 1918 (hace justo un siglo) acabó con la vida de casi cincuenta millones de personas (el 3 % de la población mundial). Cien años después, la mortalidad anual se ha reducido a varias decenas de miles. Lo curioso de este dato radica en que el virus es el mismo, lo que ha cambiado somos nosotros, nuestra resistencia a él. Solo cuando vemos este dato en perspectiva, entendemos el gran avance que hemos dado para responder inmunológicamente al virus. Al igual que solamente cuando utilizamos la perspectiva podemos ser conscientes de lo que hemos crecido en nuestros puestos de trabajo o en nuestra vida personal o de pareja. Por otro lado, resulta curioso que muchas de las cosas de las que nos avergonzamos de cuando éramos pequeños son ahora las que más echamos de menos. En mi caso fue bailar pasodobles con mi madre. Todo es cuestión de perspectiva...

2. El efecto propagación de la personalidad resistente nos permite sobreponernos a los acontecimientos y multiplicar nuestro impacto. En septiembre de 2017 acudí a México para impartir una serie de conferencias, en concreto tres en Ciudad de México y una en Puerto Vallarta. Nada más llegar a Puerto Vallarta en la mañana del 19 de septiembre tras la primera conferencia en México, de repente un breve temblor sacudió la quinta planta del hotel en el que nos encontrábamos y el peor presagio se confirmó: el terremoto venía del Este (no era lo habitual) y ya había arrasado varias partes del país, con daños catastróficos en la capital.

Ese día me vi en una de las situaciones más surrealistas de mi vida profesional: tenía que dar una conferencia para personas que no querían estar allí, que no podían regresar a México porque el aeropuerto estaba cerrado y cuyas mentes estaban en sus familias (lógico) y en el dolor de los que se vieron gravemente afectados por el terremoto. Dada la situación me ofrecí a cancelarla, pero me pidieron que no lo hiciera con la esperanza de que las horas se hicieran un poco más llevaderas. Por suerte así fue, creándose una atmósfera realmente especial y emotiva en la sala. Al día siguiente, en cuanto el aeropuerto abrió de nuevo, todos regresamos a Ciudad de México y nos enviaron fotos de los lugares donde debía dar las otras conferencias. Los dos edificios habían sufrido daños, algunos muy graves. Pero lo que más me impresionó fue ver la enorme cantidad de personas que se movilizaron por toda la ciudad. En cuestión de horas, se crearon brigadas de motoristas que llevaban agua y comida a los lugares más afectados. Resultaba asombroso ver una planificación tan perfecta en medio del caos. Este es el efecto propagación de la personalidad resistente: cuando un número importante de personas pasan a la acción, muchas otras les siguen. Y cuando tenemos un porqué y un para qué (como ayudar a las víctimas), nos movilizamos mucho más. Nada mejor que rodearse de personas orientadas a la acción para animarnos a hacer más. Diana y Andrea son un buen ejemplo de ello. El día del terremoto salieron del edificio en el que vivían y, aunque salvaron sus vidas y las de sus hijos, no pudieron sacar nada de sus casas. Esto las llevó a pensar en las familias que se enfrentaron al mismo problema y crearon el *hashtag* #AcopioParaMamás[1] para ayudar a niños que también resultaron afectados por el desastre natural. Resultó una campaña de recogida de productos para bebés que iría mucho más allá de aquel día del terremoto; un suceso trágico pero que a la vez unió a un pueblo y permitió ver incontables muestras de generosidad. Los peores acontecimientos son capaces de sacar lo mejor de nosotros mismos.

2. Real Madrid C. F.: Ganar frente a remontar

Hay muchos atributos que rodean al Real Madrid C. F.; palabras que forman parte de su esencia, de aquellos valores innegociables que hacen a una organización ser lo que es —como la narrativa de los All Blacks—; atributos que en muchos casos son compartidos por otros clubes deportivos de talla mundial. Pero hay un dato hasta ahora poco estudiado que podría marcar la diferencia entre el club de Chamartín y el resto de los equipos: su capacidad de remontar resultados adversos. Si tomamos como referencia la competición de clubes más seguida, la UEFA Champions League, el Real Madrid C. F. es el equipo con mayor número de finales disputadas y de finales ganadas y con mayor porcentaje de victorias en finales. Pero sin duda el mayor indicador de que empezar perdiendo no es perder lo encontramos en los asombrosos datos sobre las remontadas. En cinco de sus trece Champions League ganadas (38.46 %), el equipo blanco tuvo que remontar un resultado adverso[2]. O, lo que es lo mismo, en un escenario de altísima presión, donde se requieren un alto grado de tolerancia a la ambigüedad y de gestión de la incertidumbre y grandes dosis de presión, el Real Madrid nos demuestra la importancia de no dejarse hundir por un resultado inicial adverso. Sin este espíritu de resiliencia, el equipo blanco contaría hoy en día con cinco títulos menos en sus vitrinas.

Un gran conocido de esas remontadas blancas es Xavi Hernández, excapitán del F. C. Barcelona. En palabras de la leyenda culé, «El Real Madrid tiene algo especial. La resistencia a la presión es una parte integral de su ADN. Ellos viven a diario con la obligación de ganar. Y cuando empiezan perdiendo, es como si de repente fueran capaces de resucitar de entre los muertos[3]». Y este espíritu de remontada no está avalado únicamente por los goles, sino también por el esfuerzo y el rendimiento físico. En un estudio realizado al término de la Champions League 2017-2018[4], de todos los equipos participantes, los dos cuyos jugadores realizaron más aceleraciones (que además fueron determinantes en las acciones de gol), en las segundas partes fueron el Real Madrid C. F. y el Liverpool F. C., curiosamente los dos equipos que llegaron a la final. En otras palabras, ambos equipos supieron esforzarse más cuando más necesario era. No lo hicieron «más» que el resto, sino «mejor» que los demás en el momento oportuno. El esfuerzo bien enfocado suele traer resultados satisfactorios. ¿Y qué sucedió en la final? Pese a que el Liverpool realizó más aceleraciones que el Real Madrid, el equipo blanco se hizo con la victoria gracias a su mayor posesión del balón. Y aquí se cumplió la segunda máxima: si tienes más posesión del balón, no importa que los demás corran. Si tienes el control sobre tu proyecto, si te preocupas por innovar, no importa que los demás corran. El Liverpool mostró una sola variable (rapidez), mientras que el Real Madrid evidenció muchas para compensar la incontestable rapidez del rival. En un mundo como el del fútbol, o en el de las organizaciones, donde la diferencia entre ganar y perder suele consistir en los pequeños detalles, esta capacidad de adaptarse al adversario del Real Madrid y optimizar su rendimiento basándose en la situación del partido explica parte del dominio blanco en Europa, en especial en esos momentos cruciales, cuando todo se decide. Es probable que cuanto más grandes seamos, más uso debamos hacer de nuestros planes B o C porque el plan A será conocido por todos.

Cuadro 5.1 Victorias con remontadas en finales de la Champions League

10 equipos con más finales de la Champions League, ordenados por porcentaje de victorias en finales de la Champions League

Equipo	Finales disputadas	Finales ganadas	% de victorias	% de victorias con remontada*	Media de diferencia de goles en finales	Media de años transcurridos entre finales
Real Madrid	16	13	81.25	38.46	1.19	4.13
Ajax	6	4	66.67	0.00	0.50	5.40
Milan	11	7	63.64	14.29	1.00	4.90
Barcelona	8	5	62.50	20.00	0.38	7.71
Liverpool	8	5	62.50	20.00	0.00	5.86
Inter	5	3	60.00	0.00	0.40	11.50
Man. United	5	3	60.00	33.33	0.00	10.75
Bayern	10	5	50.00	40.00	0.30	4.33
Benfica	7	2	28.57	100.00	-0.43	4.83
Juventus	9	2	22.22	0.00	-1.00	5.50

* Definiendo *remontada* como la capacidad de levantar un resultado inicialmente adverso (por ejemplo, empezar per-diendo 0-1 y terminar ganando 2-1).

«La diferencia entre el Real Madrid y otros equipos es que el equipo blanco tiene la capacidad de ganar aun cuando no está en su mejor momento, incluso jugando mal. El Barça no puede hacerlo, por ejemplo. La filosofía del Real Madrid es ganar y eso es lo que les hace tan difíciles de controlar, porque pueden competir de diferentes maneras», argumenta Xavi Hernández.

En nuestro día a día, cuando las cosas no salen como queremos, no resulta nada fácil seguir con la convicción de que aun así podemos sacarlas adelante. Este ADN al que Xavi hacía referencia no surge en el primer equipo, en la edad adulta, sino que se trabaja desde la base, al igual que los valores de una organización deben fomentarse desde ahí y observarse desde nuestro primer día en la empresa. Cuando un jugador pasa a formar parte de las categorías inferiores del Real Madrid, afronta la realidad de jugar en un equipo que es favorito en todos y cada uno de los partidos que juega. Es decir, desde muy pequeños se ven obligados a gestionar la presión de ganar. Y no solo eso: también a vivir sabiendo que al final de la temporada el equipo prescindirá de varios jugadores y les puede tocar a ellos. Trabajar una competencia como la tolerancia a la ambigüedad, vivir el presente sabiendo que mañana podemos no estar, otorga a los jugadores unas valiosas herramientas para su futuro profesional, que por supuesto van mucho más allá del deporte.

Alejandro García fue uno de esos jugadores. Miembro de las categorías inferiores del club blanco durante siete años, un día recibió esa llamada. «Duele no seguir en un club como el Real Madrid, pero esos años en el club me han hecho ser quien soy, me han formado como persona y como profesional», me confesó durante una de nuestras conversaciones. Además de compartir vestuario con jugadores como Nacho, Marcos Alonso o Denis Cheryshev, Alejandro puede presumir de ser una de las pocas personas —quizás la única— en haber pasado por tres áreas diferentes dentro del Real Madrid: la parcela deportiva —como jugador de la cantera—, la educativa —como alumno de su Escuela Universitaria— y la corporativa, ya que trabajó durante un año en la gestión comercial de las instalaciones y del Tour Bernabéu. «Quién sabe si volveré de nuevo al club», señala Alejandro mientras una sonrisa se dibuja en su rostro. Mientras ese día llega, que la inspiración le pille trabajando. Alejandro ha fundado dos empresas relacionadas con el deporte y en la actualidad está ayudando a hacer crecer una *startup* del mismo sector. Inquieto por naturaleza, ha sabido canalizar su nerviosismo e inconformismo hacia la consecución de objetivos: no más de uno a la vez y poner el foco tanto en la ejecución (más tediosa) como en la creación (siempre más divertida para una mente creativa e inquieta como la suya). Alejandro no llegó al primer equipo, al igual que el 90 % de los jugadores que pasan por Valdebebas, la ciudad deportiva del Real Madrid. Compañeros suyos como Nacho sí lo hicieron, pero ambos han trabajado herramientas que les servirán el día de mañana y, sobre todo, que les están sirviendo hoy. «Cuando presento una propuesta comercial y no la aceptan, en absoluto me vengo abajo. Lo tomo como un reto y trabajo aún más para la siguiente». Resulta irónico pensar que precisamente gracias a haber recibido más de un «no» en su etapa como futbolista, gracias a haber tenido que dejar Valdebebas muy a su pesar, Alejandro ha desarrollado unos niveles altos de resiliencia que le acompañarán y ayudarán el resto de su vida. Personalidad resistente, ingeniosidad y optimismo son tres ingredientes que cualquier persona que pase cinco minutos con Alejandro sería capaz de observar en él. Estas tres dimensiones de la resiliencia forman parte de su ADN no porque haya nacido con ellas, sino porque las ha trabajado desde que empezó a darle patadas a un balón hace casi tres décadas. No hay mejor forma de aprender a gestionar la incertidumbre, a tolerar mejor la ambigüedad, que exponernos a situaciones en las que no nos queda más remedio que vivir sin tener todas las respuestas.

Al igual que los equipos deportivos pueden remontar un resultado adverso gracias a una correcta tolerancia a la ambigüedad (como no saber si el partido llegará a la prórroga, si habrá penaltis, si jugarán o serán suplentes o si saldrán en la segunda parte), las personas pueden entrenar estos rasgos y lograr así «remontar» las circunstancias adversas a las que se enfrentarán y poder comenzar un proyecto sin la necesidad de saber exactamente dónde acabará. Vivir con una menor necesidad de control también nos ayuda a conseguirlo, ya que nos hace pasar gradualmente de la autoexigencia a la excelencia. La autoexigencia en sí no es negativa, pero un exceso de ella sí, porque nos hace pensar que nada resulta suficiente, que todavía «debemos» dar más. La excelencia nos ayuda a pensar que «podemos» dar más y a disfrutar de hacer bien las cosas partiendo de 0, no de -1, como si nuestro único fin fuera vivir para completar tareas que precisan ser terminadas. Y por suerte el deporte no es el único medio para entrenar rasgos como la tolerancia a la ambigüedad o la resiliencia; la clave no reside tanto en la disciplina sino en acostumbrarnos a no tener todo el control, a vivir en la imperfección y no sufrirla en exceso.

La cantante y actriz Indina Menzel, conocida entre otras muchas cosas por dar voz a Elsa en la película de Disney *Frozen*, reconocía en una entrevista que le llevó muchos años darse cuenta de que, si clavaba el 75 % de las notas, su actuación sería un éxito. No necesitaba clavar el 100 %. Es más, es imposible, puesto que en un musical de dos horas y media hay tres millones de notas y las probabilidades de clavarlas todas son realmente escasas. ¿Cómo vivir con ese 25 % de imperfección? Menzel lo tiene claro: «Yo soy más que las notas que canto; lo importante es cómo conecto con la gente y las notas son solo una parte». Aceptar nuestra imperfección (y la de nuestros equipos) nos ayuda a vivir mejor con la incertidumbre y, paradójicamente, a rendir más. De hecho, aceptar es lo contrario de conformarse. Conformarse implica emociones de frustración, rabia e impotencia, mientras que aceptar conlleva emociones de apertura, curiosidad y esperanza. No maduramos por tener más experiencia sino por cómo interpretamos y aceptamos lo que nos sucede.

3. El hombre contra el desafío del océano

Otra forma de mejorar nuestra gestión de la incertidumbre es confiar más en nuestra intuición. En el deporte y en la empresa, la intuición resulta fundamentales porque nunca se maneja toda la información. Con esta sucede como con los recursos: es la que es y siempre queremos más. Todavía no he conocido a nadie en ninguna organización que me haya dicho que tiene todos los recursos que ha pedido. Por lo tanto, debemos asumir constantemente que no dispondremos de toda la información ni de todos los recursos y necesitaremos tomar decisiones basándonos en ello, realizando supuestos y confiando en nuestra intuición. En nuestra carrera profesional sucede lo mismo: «¿Cómo voy a dejar este trabajo por aquel otro si no sé cómo serán mis compañeros de trabajo y mi nuevo jefe? ¿Y si no me gustan? ¿Y si me toca trabajar más horas por la tarde?». Ante una decisión profesional, nuestro futuro se llena de incógnitas. Sin embargo, con la acumulación de experiencias —que no de años[5]—) las incógnitas siguen siendo las mismas pero nuestra actitud ante ellas cambia. Nuestra perspectiva aumenta conforme lo hace nuestra experiencia: lo que antes nos preocupaba ahora ya no lo hace tanto. El motivo radica precisamente en el mejor manejo de la intuición fruto de la experiencia: ya hemos pasado por algo parecido y, si aquella vez salió bien, ¿por qué no iba a ser igual esta? Una buena forma de confiar más en nuestra intuición consiste en acumular experiencia, tomar perspectiva y mirar atrás en esos momentos de incertidumbre, en los que necesitamos encontrar respuestas. La respuesta sobre el futuro a menudo la encontramos en el pasado.

De cómo tolerar la ambigüedad sabe mucho Antonio de la Rosa. Este deportista-aventurero nació en Valladolid en julio de 1969, apenas unos días antes de que en Estados Unidos Woodstock abriera sus puertas en lo que sería uno de los hitos más importantes de la historia de la música y la contracultura. Antonio parecía haber llegado al mundo con la mirada puesta en otra parte, quizás al otro lado del Atlántico, como más tarde se vería. Su historial de gestas agota solo de leerlo, y es que Antonio no sabe lo que es vivir en la comodidad. Entre sus «locuras» destaca haber cruzado los 4700 km que separan las costas de Dakar (Senegal) y Kourou (Guayana Francesa) en remo y en solitario.

Casi tanto como la distancia entre Valladolid y Woodstock. Tardó 64 días. Ganó la prueba, aunque esto para él tal vez sea lo de menos. También ha cruzado el Polo Norte en kayak y fue de Madrid a Lisboa en una tabla de *paddle surf* por el río Tajo. Asimismo, sobre una tabla similar ha dado la vuelta a la península ibérica en 2017 y ahora se prepara para su siguiente reto: cruzar el océano Pacífico también en una tabla de *paddle surf*, esta vez de 600 kg. No apto para cardíacos…

«Una de las pruebas más duras para mí fue el Lapland Extreme Challenge, pero a la vez resultó de las más satisfactorias por ver que un español podía batir a todos los nórdicos en su casa». El contexto en el que hemos crecido y nos hemos desarrollado importa, pero lo hace todavía más nuestra actitud para mejorarlo.

Intrigado por cómo Antonio es capaz de luchar contra su peor enemigo, contra él mismo, a lo largo de esas interminables travesías en solitario, decidí contactar con él. Si hubiera nacido en la época de Instagram, seguramente sería uno de los *influencers* del momento. Aunque no le gusta demasiado hablar de sí mismo, sus historias y aventuras enganchan a cualquiera. Primero piensas que debe de estar loco (imaginarme completamente solo en la inmensidad del océano me remueve sobremanera), pero después de cinco minutos hablando con él te das cuenta de que no es que esté loco, es que te mueres de envidia por lo que él ha vivido. Sus vivencias no dejan indiferente. En una época en la que cuantas más opciones tenemos más nos cuesta hacer algo, aparecen personas como Antonio para demostrarnos que el movimiento se demuestra andando. Su respuesta a mi pregunta sobre cómo planifica me dejó valiosas lecciones: «Lo que he aprendido con los años es que resulta fundamental planificar, pero a veces se nos olvida dejar espacio para los imprevistos. Yo me dedico a hacer cosas que nadie ha hecho en lugares en los que casi nadie ha estado; lo difícil es que alguno de estos retos me salga bien. Y, aunque me preparo a conciencia, muchas de estas dificultades no las puedo leer en ningún libro o web; no puedes prepararte para algo si nadie ha estado nunca allí. Debes aprender a vivir con ello, tienes que mentalizarte de que va a haber imprevistos».

Para superar un reto realmente complicado, Antonio se prepara de tres formas: primero entrenando en circunstancias similares, segundo construyendo confianza a través de varias situaciones de éxito (es decir, no dar un salto grande de un reto a otro) y, por último, tomando las riendas de la planificación. Esto es, formar parte de todo el proceso. Para decidir cruzar el Pacífico a remo y en solitario, Antonio antes ha demostrado que está preparado para el reto, ya que tardará «solo» un mes más que cuando cruzó el Atlántico. Esta vez el desafío será mayor porque el Pacífico es más complejo al no tener los vientos alisios que favorecen el desplazamiento. «Una botella soltada en Canarias aparecería en Brasil en ocho meses; en el Pacífico los vientos y las corrientes son más complicados», me comenta un Antonio que muestra más motivación que preocupación por tal inconveniente. Además, la embarcación será más pequeña que la que usó para cruzar el Atlántico y en esta ocasión no irá sentado, sino de pie, y tendrá un solo remo. En definitiva, mucha menos estabilidad y mucha mayor incomodidad. Y precisamente es esta mayor dificultad la que le hace estar motivado para el nuevo reto.

Nuestro desarrollo profesional depende en gran medida de dos factores: motivación y capacidad. Aunque ambos son igualmente importantes y se retroalimentan, la complejidad radica en que también se estorban entre sí. Veámoslo con un ejemplo. Un joven profesor a quien contratan para impartir una asignatura tomará el reto con una gran motivación (y con miedo ante el desafío) y, si se trata de la primera vez que da clase, su percepción sobre su capacidad será bastante baja. Con el paso del tiempo, su capacidad (y también su confianza) irá aumentando al ir dominando la materia, pero su motivación sufrirá el efecto inverso: comenzará a decaer al no ser alimentada por ningún desafío que le motive tanto como aquella primera vez que le dieron la oportunidad de dar clase. La motivación siempre va asociada a tener un reto, un proyecto, un «para qué». Si queremos mantener nuestra motivación, añadir pequeños desafíos en forma de proyectos nuevos, o de formas distintas de hacer los mismos proyectos, nos ayudará a seguir teniendo motivos para hacer lo que hacemos. Si no incorporamos esos retos, si no innovamos, la tendencia natural hará que nuestra motivación descienda poco a poco y que nuestra capacidad se acabe estancando. Y para anticiparnos es importante escuchar a nuestro cuerpo. «El cuerpo dice lo que las palabras no expresan», afirma la bailarina estadounidense Martha Graham en un extracto de *El poder de la presencia*. Escucharlo y detectar el momento en el que la motivación empieza a decrecer hará que, como si de un resorte se tratara, nuestra alarma se active e incorporemos un proyecto nuevo que mantenga viva la chispa de la motivación y nos ayude a seguir creciendo y, sobre todo, a disfrutar de lo que hacemos.

Cuadro 5.2 Relación entre nuestra capacidad y nuestra motivación a lo largo del tiempo si no incorporamos proyectos nuevos en nuestro día a día

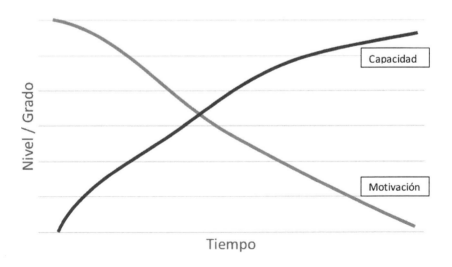

Cuadro 5.3 Relación entre nuestra capacidad y nuestra motivación a lo largo del tiempo con la incorporación de proyectos nuevos en nuestro día a día

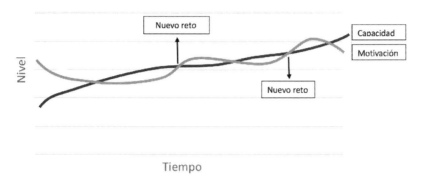

En el caso de Antonio de la Rosa, incorporar nuevos desafíos ha sido fundamental para seguir encontrando un «para qué», pero, como si de una matrioska se tratara, este aventurero siempre añade nuevos desafíos sobre otros ya superados que le dan la confianza para afrontar los siguientes. San Francisco es la ciudad elegida para comenzar el reto de cruzar el Pacífico con una embarcación nueva diseñada por él y tras más de un año de preparación en permanente contacto con gente que ha cruzado el Pacífico a vela (conocer a los mejores de tu sector es fundamental), con tres desafíos similares a sus espaldas y después de haber realizado un estudio detallado de todas las variables y situaciones que puede encontrarse en el camino. Nada mejor que el aire fresco de un proyecto nuevo (que siempre será incómodo) para seguir creciendo, para seguir teniendo motivos de «echarnos a la mar».

Los mejores líderes no disfrutan más de la incertidumbre que el resto de los mortales, pero sí interiorizan que cuando existe se nos está brindando la oportunidad de tener un proyecto nuevo y, por tanto, un regalo en forma de motivación por hacer algo distinto, aunque a veces implique remontar un resultado o una condición adversos. Mientras el Real Madrid tiene la remontada en su ADN y quiere ganarlo todo, Antonio de la Rosa y Alejandro García quieren vivirlo todo y exprimir cada minuto. Representan dos maneras distintas para gestionar la incertidumbre y superar situaciones adversas. Cada cual a su manera, cada uno con sus recursos. En el fútbol, en alta mar o en nuestro día a día profesional. Como reza el título de uno de los libros de Toni Nadal (muy recomendable para los amantes de la educación), *Todo puede entrenarse*. Y yo le añadiría un subtítulo: *pero hay que ponerse a ello*. Los proyectos nuevos son como el agua del mar: a menudo da mucha pereza meterse, pero aún no he conocido a nadie que se haya arrepentido de haberse bañado... Como comenta Angela Duckworth en *Grit, el poder de la pasión y la perseverancia*, «cuando alguien logra un reto importante [como en el caso de Antonio de la Rosa], inmediatamente decimos que la persona en cuestión tiene un talento extraordinario. Pero, sin darnos cuenta, al enfatizar el talento en exceso estamos subestimando todo lo demás». Cuanto más hablamos sobre el talento (y ahora hablamos mucho de él), más necesario es poner en valor el esfuerzo. Resulta muy difícil motivarse con algo que no requiere ningún esfuerzo, desde un niño jugando a algo demasiado fácil en la videoconsola hasta un trabajador que lleva a cabo la mayor parte de tareas de forma casi mecánica y prácticamente sin esfuerzo. Para Duckworth «la perseverancia consiste en tener la disciplina diaria de hacer las cosas un poco mejor de como las hicimos ayer».

Empezar perdiendo no es perder, como demostró Emilio Butragueño tras ser rechazado por el Real Madrid en la primera prueba o el club blanco en sus cinco remontadas en la final de la Champions League. También aprendió Ethan John a remontar, uno de los protagonistas de nuestro primer capítulo. Tras ganar *Supervivientes*, fue él quien se convirtió en un superviviente en la vida real, ya que tuvo que remontar dos cánceres, uno de ellos de extrema gravedad. Y lo mismo hizo Antonio de la Rosa cuando se gastó todos sus ahorros y tuvo que remontar poco a poco para poder seguir cumpliendo su sueño, o cuando intentó cruzar la costa oeste de Groenlandia y no llegó ni a la mitad. A veces el problema no está en el desafío en sí, sino en el lugar que hemos elegido. Hay ocasiones en las que abandonar no solo es una opción, sino que puede suponer la opción más inteligente. La clave no radica en si perdemos o no, sino en cómo remontamos, en cómo reaccionamos tras la pérdida. Hasta el mejor equipo deportivo

«Resulta muy difícil motivarse con algo que no requiere ningún esfuerzo».

de la historia (los All Blacks de Nueva Zelanda) ha perdido más trofeos de los que ha ganado. La derrota forma parte de nuestro aprendizaje. Hay equipos y personas que dan por hecho que unas veces se gana y otras se aprende (para muchos una gran falacia), cuando en realidad solo se aprende en la derrota si se analiza el porqué y se integran ese aprendizaje y los correspondientes cambios.

Para autores como Álvaro Merino la derrota representa una magnífica oportunidad para hacer cambios, pero siempre después de una profunda reflexión. En palabras del entrenador Marcelo Bielsa, «las operaciones y los cambios se hacen en la victoria, no en la derrota. La adversidad es el momento de observación de las cosas». Es decir, primero observar, después reflexionar y por último cambiar. Sin embargo, la realidad muestra que cuando las cosas empiezan a ir mal lo primero que hacemos es cambiarlas, antes incluso de reflexionar sobre lo que ha sucedido. El cambio en la adversidad se hace porque es lo fácil; pero a menudo lo fácil no es lo más inteligente. Con frecuencia vemos organizaciones en las que se cambia por cambiar y cada año toca una novedad, pero cuando preguntamos a las personas responsables el porqué de ese cambio, pocas comprenden su naturaleza. Y mucho menos cuando lo hacemos con las personas que deberán empujarlo, con los soldados rasos. Si no tengo claro para qué hago algo, resulta muy difícil que me comprometa con esa transformación. No se trata de hacer muchos cambios, sino de hacer los adecuados y en el momento apropiado y, más importante aún, tener claro el beneficio personal que nos aportarán.

No puede haber reto sin embarcación, aunque esto suponga gastar antes todos nuestros ahorros, como le sucedió a De la Rosa. Y no puede haber remontada si no se va perdiendo antes. Como dice uno de los mejores futbolistas de la historia, Pelé, «cuanto más difícil es la victoria, mayor es la felicidad de ganar». A remontar también se aprende.

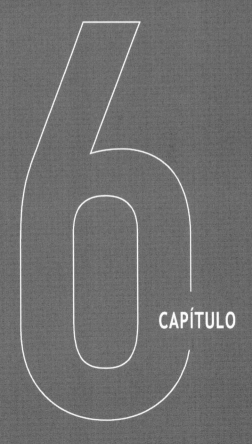

CAPÍTULO

Locus de control
Conecta contigo antes de conectar con los demás

«Soy el amo de mi destino,
soy el capitán de mi alma».

William Ernest Henley

1. *Locus* de control: La importancia de echar el paraguas

El *locus* de control es un término utilizado en psicología para referirse a la percepción que tiene una persona sobre las causas de lo que sucede en su vida. Es la manera en que percibimos si el origen de nuestro propio comportamiento es interno o externo a ella[1]. Es decir, si pensamos que tenemos o no una cierta sensación de control sobre lo que sucede en nuestras vidas.

En mis sesiones de formación a empresas suelo explicar el concepto utilizando el siguiente ejemplo: imagina que vas por la calle rumbo al trabajo y está lloviendo. Cuando entras por la puerta de la oficina, tus compañeros te ven empapado y te preguntan: «¿Qué te ha pasado?» y tú les contestas: «Es que estaba lloviendo». Este sería un ejemplo de *locus* de control externo. La responsabilidad de que te hayas mojado es de la lluvia. ¿Cuál sería la otra respuesta posible? «Me he empapado porque no llevaba paraguas». En este último caso de *locus* de control interno, asumes que la responsabilidad de haberte mojado es tuya porque en realidad si te has mojado no es porque estaba lloviendo, sino porque no tenías paraguas. El *locus* de control no es una característica fija de las personas, sino que se mueve en un espectro. Es decir, en unas ocasiones atribuiremos la causa de lo que nos pasa a elementos externos y en otras a nuestra propia responsabilidad. El peligro del *locus* de control externo radica en la pérdida de la sensación de control: si pienso que lo que sucede en mi vida no depende casi nada de mí, sino de las circunstancias externas, será difícil que repita comportamientos que me aportaron situaciones de éxito en el pasado y será fácil que repita comportamientos que me trajeron desventajas en situaciones pasadas.

Al igual que los rasgos analizados en los capítulos anteriores, el *locus* de control puede medirse para saber si tendemos más hacia el externo o el interno. Pero lo más importante no es que se puede medir, sino que puede trabajarse. Aunque los extremos siempre son peligrosos, mostrar una tendencia hacia el *locus* de control interno nos ayudará a recuperar la sensación de tener el control sobre lo que nos pasa. Al fin y al cabo, el *locus* de control no es otra cosa que la percepción que tenemos sobre las causas de lo que ocurre en nuestras vidas, no habla de la verdadera razón de estas causas.

El *locus* de control interno nos ayuda a valorar el esfuerzo, la habilidad y la responsabilidad personal, mientras que el externo promueve la sensación de que lo que nos pasa se debe al azar, al destino, a la suerte o a las decisiones de otros; es decir, que los acontecimientos que nos pasan no pueden ser controlados por nuestros esfuerzos y dedicación. Por lo tanto, atribuimos lo que nos pasa a los méritos (o deméritos) de otros. En el ejemplo del paraguas, lo fácil es culpar a la lluvia, pero esto no nos ayudará a no mojarnos la próxima vez. Sin embargo, asumir que nos hemos mojado por no haber cogido un paraguas sí nos puede ayudar a tomar medidas y no nos pasará lo mismo la próxima vez.

Otro ejemplo lo encontramos en los niños, que se atribuyen los éxitos o los fracasos a su propia conveniencia, diciendo «he aprobado» (*locus* de control interno) cuando les ha ido bien, pero «me han suspendido» (*locus* de control externo) cuando no les ha ido tan bien, eximiéndose de cualquier responsabilidad cuando el resultado no ha sido favorable. Pensar, por ejemplo, que has suspendido la oposición porque había enchufe no va a hacer que te prepares mejor para la siguiente, sino todo lo contrario, porque te puede afectar anímicamente. Puede que tengas razón, pero esto no te va a ayudar porque tendrás la sensación de que aprobarla no depende de ti, cuando en realidad hay una parte importante que sí depende de ti. Lo mismo sucede cuando el acontecimiento es positivo. Por ejemplo, «este año he aprobado la oposición porque se han presentado muy pocas personas» o «este año he aprobado la oposición porque había muchas plazas» muestra un *locus* de control externo y nos quita automáticamente de la ecuación, restándole importancia a la responsabilidad de haberlo conseguido. Es probable que hayas aprobado en parte porque había más plazas, porque se presentaban menos personas o porque tenías más puntos acumulados, pero la realidad es que aprobaste por tu propio esfuerzo por encima de todo lo demás. Fred Kofman, vicepresidente de LinkedIn y autor del libro *La empresa consciente*, se refiere a este concepto como «pasar de quejarnos a apropiarnos» (*from blaming to owning*), es decir, afrontar nuestras elecciones y aceptarlas, pasar de ser testigos, a veces incluso víctimas, a ser protagonistas de nuestro destino. Que pensemos una cosa u otra determinará si nos vemos capaces o no de controlar nuestra vida. El *locus* de control tiene mucho que ver con la imagen que tenemos de nosotros mismos y, por tanto, con nuestra autoestima. A medida que asumimos fracasos, aumentamos nuestras opciones de aprender y, en paralelo, a medida que asumimos logros, aumentamos nuestra autoestima.

Hace poco he puesto en marcha una investigación para saber qué elementos o acciones podrían estar relacionados con unos mayores niveles de *locus* de control interno, con esa sensación de tener el control sobre lo que acontece en nuestras vidas. Pensando que el deporte nos podría ayudar a tener una mayor sensación de control, decidí analizar si había alguna relación entre esta y la práctica deportiva. La hipótesis se confirmó. En la muestra analizada de 400 estudiantes, aquellos que habían practicado más años de deporte mostraron unos mayores niveles de *locus* de control interno. Y no solo esto: los estudiantes que habían practicado deporte a mayor nivel competitivo mostraban niveles incluso más altos de *locus* de control interno que el resto de estudiantes[2]. El alto rendimiento en una disciplina, el deporte, en este caso, nos puede ayudar a aumentar la sensación de control sobre nuestras acciones. Ser responsables de lo que sucede en nuestras vidas nos puede hacer más capaces de luchar por lo que queremos y el deporte desempeña un papel fundamental, puesto que no solo beneficia a nuestra salud reduciendo el estrés o el síndrome del desgaste profesional (*burnout*), sino que, además, nos ayuda a pasar a la acción y a emprender más. Pero el deporte no es la única disciplina que nos puede ayudar a desarrollar nuestro *locus* de control interno.

Un estudio llevado a cabo en 2012[3] por el experto en neurociencia David Strayer reveló que las actividades desarrolladas al aire libre mejoran nuestro rendimiento cognitivo. En su estudio los participantes fueron expuestos a una inmersión de cuatro días en la naturaleza, alejados también de cualquier dispositivo tecnológico. Los sujetos realizaron varios test cognitivos antes y después de su inmersión, y los resultados mostraron un aumento del 50 % en su rendimiento cognitivo después de exponerse al medio natural. En la misma línea, en un estudio de la Universidad de Michigan de 2008, los participantes que fueron expuestos a un paseo de cincuenta minutos por el bosque antes de realizar un test cognitivo incrementaron sus anteriores resultados en un test similar en un 20 %, mientras que los sujetos que realizaron el segundo test sin haber estado expuestos a ese paseo no mejoraron sus resultados.

Las grandes experiencias nos ayudan a mejorar los rasgos relacionados con el éxito profesional, pero también lo hacen las pequeñas acciones. Una reunión al aire libre puede tener un mayor impacto en la producción de ideas que una reunión en una habitación. El contexto impacta más de lo que pensamos y no solo en los demás, sino también en nosotros mismos. El entrenador de los San Antonio Spurs, Gregg Popovich, siendo consciente o no de este beneficio cognitivo, organiza frecuentemente barbacoas y paseos por el campo con sus jugadores para conectar con ellos en un entorno más informal, ya que el *feedback* informal suele permear más que el formal por la mayor apertura que mostramos en entornos más agradables que un despacho. Popovich no solo se lleva a los jugadores a otro contexto, también trae el contexto a los jugadores: en los partidos importantes siempre pide a los jugadores que se lleven a sus familias porque para que los jugadores conecten con el entrenador antes deben conectar consigo mismos, y la presencia de las familias, su núcleo vital, suele tener un impacto muy positivo sobre ellos.

Una ventaja adicional del *locus* de control interno es que nos puede ayudar a crear y a gestionar mejor nuestros proyectos y a aumentar la probabilidad de éxito en los mismos[4]. Y también sucede al contrario: crear un negocio o lanzar un proyecto nos aumenta la sensación de control sobre nuestra vida, como mostraron los estudios de Begley en 1995[5]. Es decir, que aunque pensemos que crear algo propio nos puede agotar física y mentalmente (y seguramente lo hará), la realidad es que a su vez nos da herramientas muy valiosas para tomar el control sobre nuestras vidas y mejorar otros aspectos muy importantes como la confianza en nosotros mismos. Si confías más en ti crearás más proyectos, pero si creas más proyectos (es decir, si pasas a la acción) también confiarás más en ti. Potenciar nuestro *locus* de control interno nos hace responsables de nuestra propia vida y nos da más herramientas para luchar por lo que queremos. Lo mismo sucede con la paternidad y la maternidad: hasta hace muy poco se pensaba que tener hijos aumentaba nuestros niveles de estrés. Sin embargo, en una conversación reciente sobre el asunto con Beatriz Crespo, uno de los mayores referentes

«Potenciar nuestro *locus* de control interno nos hace responsables de nuestra propia vida y nos da más herramientas para luchar por lo que queremos».

en ejercicio físico, salud y bienestar de nuestro país, me sorprendió descubrir que los estudios más recientes demuestran justo lo contrario: nuestros niveles de estrés bajan cuando estamos con nuestros hijos. Al llevarlos al parque, dar paseos con ellos, etc., inconscientemente estamos obligándonos a frenar y, por tanto, a reducir los niveles de estrés que hemos acumulado durante el día. Algo difícil de creer si no fuera porque se puede medir. A veces lo que nos desgasta es lo mismo que lo que nos alimenta.

2. Yo soy yo y mis emociones

Ya hemos visto la importancia de conectar con nosotros mismos antes de conectar con los demás, así como algunos rasgos que nos ayudan pasar a la acción y potenciar así nuestro rendimiento. Sin embargo, es imposible cambiar aquello que se conoce. Por lo tanto, fomentar nuestro autoconocimiento, la manera en la que nos vemos, constituye la piedra angular sobre la que se asientan tanto nuestra autoestima como el resto de los rasgos analizados en este libro.

Para añadir complejidad al asunto, también hay factores que repercuten negativamente sobre nuestra conexión con los demás y sobre nuestro rendimiento. Uno de ellos es la inhibición, un factor poco estudiado hasta ahora pero que limita no solo nuestra relación con los demás, sino también nuestro propio desempeño. En su estudio de 2003 sobre las cinco grandes dimensiones de la personalidad y el rendimiento laboral realizado con 159 trabajadores de una compañía farmacéutica, Rothmann y Coetzer descubrieron que cuanto menor era la inhibición o mayor la extraversión, mayores eran el rendimiento y la creatividad de los trabajadores. Lo curioso de este estudio[6], al igual que el que realizaron Barrick y Mount una década antes con otros colectivos (entre los que se encontraban especialistas, policías, gestores, vendedores y trabajadores cualificados y semicualificados[7]) es que de las cinco grandes dimensiones de la personalidad estudiadas (extraversión, estabilidad emocional, simpatía, diligencia y apertura a nuevas experiencias) la dimensión que más relación guardaba con un mayor desempeño laboral en todos los grupos estudiados fue la diligencia. En otras palabras: aunque las otras cuatro dimensiones nos pueden ayudar a predecir el rendimiento laboral de una persona (su análisis se usa a menudo en procesos de selección), la diligencia es la dimensión que más información nos aporta sobre cómo una persona se desenvolverá en un puesto de trabajo y, en especial, en su trabajo con otras personas. Pero ¿qué es exactamente la diligencia? Según la RAE, se trata del cuidado en ejecutar una acción, pero también de la prontitud y la agilidad en hacer una tarea. Es decir, hacer las cosas con agilidad, pero hacerlas bien. Aunque certera, esta definición se queda algo corta para entender bien a qué se refiere el concepto en este caso. Las personas diligentes son cuidadosas en su trabajo y a la vez poseen la disciplina personal, el compromiso y el deseo de lograr sus objetivos. Parece normal que una persona con estos rasgos vaya a rendir más en un trabajo. Lo que quizá llama más la atención es que también nos hace más creativos, ya que a menudo asociamos la creatividad con todo lo contrario, con comportamientos espontáneos.

Y es aquí donde sucede la paradoja: las personas que muestran niveles altos de diligencia suelen mostrar también valores altos de inhibición. O, lo que es lo mismo, además de trabajadoras y confiables, llevadas al extremo también pueden ser demasiado perfeccionistas, tímidas y compulsivas, llegando al punto de convertirse en adictas al trabajo. Recientemente, una de las ejecutivas de una empresa multinacional me dijo una de esas frases que sabes que se te van a quedar ancladas en la memoria. Al término de una jornada intensa en la que habíamos trabajado aspectos que mejoran la comunicación con nuestros equipos, vino a despedirse y, con lágrimas en los ojos, me dijo: «Ojalá fuera tan buena en la vida como lo soy en el trabajo». Aunque me dedico a ello, no supe qué decir. Después me di cuenta de que a veces no hace falta decir nada, sino simplemente escuchar, especialmente en momentos de tanta vulnerabilidad como el que estaba viviendo. Aquella corta pero impactante conversación me hizo pensar que lo que nos potencia puede a la vez ser lo mismo que lo que nos limita. Es muy fácil caer en la frustración de querer extrapolar comportamientos o estatus de una esfera a la otra, exigirnos a nosotros mismos ser igual en el trabajo que en casa o viceversa, pero la realidad es que, aunque seamos la misma persona, las reglas y los contextos son bien distintos. En el trabajo podemos convertirnos en los mejores, al menos en nuestro puesto, podemos llegar a controlar muy bien lo que hacemos, tener mucha capacidad. En nuestra esfera personal hay muchos menos aspectos en los que podemos tener una sensación parecida porque controlamos aún menos variables que en el trabajo. No podemos controlar a nuestros amigos igual que controlamos nuestros proyectos. Tampoco podemos controlar muchos problemas que surgen en nuestra familia y que, aunque su origen sea ajeno a nosotros, nos pueden terminar afectando. Nuestra vida personal está rodeada de muchas más emociones; por lo tanto, es probable que necesitemos todavía más dosis de inteligencia emocional que en nuestro entorno laboral. A menudo pienso que los seres humanos llegamos a la edad adulta a medio hacer porque nuestros padres seguramente no tenían todas las herramientas ni las respuestas, y la diferencia está en si decidimos completarnos o no durante el resto de nuestra vida.

3. El desafío de Guardiola y Emery

A lo largo de sus respectivas trayectorias profesionales, Pep Guardiola y Unai Emery han dejado huella en sus equipos. Una de las cualidades que más destacan quienes han trabajado con ellos podría resumirse con el término *diligencia*. Ambos son extremadamente analíticos y cuidadosos con los detalles y les gusta tener el control sobre las cosas, pero no se sienten cómodos cuando no lo tienen. Pese a que tienden más hacia la introversión, los dos entrenadores han demostrado que los rasgos pueden y deben trabajarse y mejorarse. Solo hace falta ver un vídeo de una rueda de prensa de Guardiola en cada una de sus tres etapas (F. C. Barcelona, Bayern de Múnich y Manchester City) para apreciar la clara evolución que ha experimentado desde la inhibición hacia la extroversión. Y esto no es fruto de la casualidad: Pep ha tenido que adaptarse a las exigencias de los nuevos contextos en los que se encontraba. Por ejemplo, a su llegada a Múnich la entidad bávara le aconsejó que se esforzara por tener una mayor relación con los jugadores, incluso con la prensa. Para una persona como Guardiola, la tarea no era nada sencilla, pero la cultura del club lo requería. Estas exigencias hicieron evolucionar a Guardiola y le han dotado de más herramientas para sentirse cómodo trabajando en contextos distintos con gente distinta. Pero no nos engañemos: ni es fácil ni es cómodo. Seguramente todavía no se muestra natural en las ruedas de prensa, pero la evolución, si tiramos de hemeroteca, es más que evidente. Pese a ello, a lo largo del camino Guardiola ha tenido que lidiar con las quejas de la prensa y de algunos jugadores por no tener un trato cercano con ellos. No se trata de ser quienes no somos, sino de ser una mejor versión de nosotros mismos, de dar esos pequeños e incómodos pasos para sentirnos mejor al tratar con personas muy diferentes a nosotros o para desempeñar funciones que *a priori* no serían tan naturales para nosotros. Y por un sencillo motivo: va a facilitarnos el trabajo. Hace pocos meses, un trabajador de una empresa cliente me llamó para decirme que necesitaba ayuda porque le habían ascendido y no se sentía cómodo en el nuevo puesto. Había pasado a dirigir a 200 personas en su departamento, en un cargo soñado por muchos y en el sector de sus sueños. ¿Cuál era entonces el problema? Las funciones del nuevo puesto requerían un 10 % de trabajo autónomo y un 90 % de gestión de personal. Cuando le pregunté qué escenario pensaba que sería el ideal para él, me contestó: «Un 90 % de trabajo autónomo y un 10 % de gestión de personal». Él adoraba el puesto nuevo, pero esa parte (tener que gestionar personas) a menudo le superaba dado su carácter introvertido. Una vez más, la inhibición incapacita nuestro rendimiento y a veces nuestra personalidad es el primer obstáculo hacia nuestro crecimiento. Por suerte, y como veíamos en capítulos anteriores, cuando las necesidades son mayores que las resistencias (la inhibición en este caso), podemos encontrar la fuerza suficiente como para vencer ese obstáculo y ganar el músculo que demanda el nuevo puesto o la nueva situación en la que nos encontramos.

Y lo mismo sucede con la vergüenza. ¿Recuerdas cuando empezaste a aprender un idioma extranjero? ¿Esas primeras veces que te tocaba hablar en público? Unai Emery ha sido objeto de burlas por su acento, pero la realidad es que llegó a París y en su primer día ya empezó a hablar francés. Después llegó a Londres, dirigió su primer entrenamiento y dio su primera rueda de prensa en inglés. Un francés y un inglés bastante pobres, pero esto no le impidió comunicarse; lo que también es una muestra de liderazgo, de autoconocimiento y de voluntad. Para hablar bien un idioma antes tienes que hablar mal. Y para hablar mal y que nos afecte lo menos posible hay que afrontar los retos y superar la barrera de la vergüenza. Y esto no solo nos pasa de adultos. La inhibición es también el factor más importante en el rendimiento de los niños y las niñas bilingües. Es decir, con independencia de lo bien o mal que hablemos, perder la inhibición reduce la denominada ansiedad social y el estrés producido por el afán de perfeccionismo. Estoy convencido de que tanto Emery como Guardiola quieren ser igual de perfeccionistas hablando un idioma extranjero que en su trabajo como entrenadores, pero saben que esto es imposible y han aprendido a convivir con la imperfección. Ahora son dos entrenadores más comunicativos, y lo hacen a su manera. Por ejemplo, en lugar de hablar todo el rato con todos los jugadores, Guardiola decidió introducir el confesionario: charlas de uno a uno con sus jugadores[8]. Detrás del motivo principal (que hablaran sin tapujos y en un entorno de confianza) puede que también estuviera el idiomático y el de la inhibición, puesto que es más fácil hablar con una sola persona y entender lo que dice que tener a muchos hablando a la vez. Ambos entrenadores también han sido humildes al pedir ayuda con el idioma a algunos jugadores de sus plantillas que hablaban español. Para saber más el primer paso es declarar que uno no sabe.

Tanto si tenemos tendencia a ser perfeccionistas como si estamos en el otro extremo, ser conscientes de que la inhibición no nos ayuda es el primer paso para crecer como personas y como profesionales. Como argumenta Paul Dolan, profesor de Ciencias del Comportamiento en la London School of Economics, en su libro *Diseña tu felicidad* (*Happiness by Design)*, encontrar el adecuado equilibrio entre propósito y placer es fundamental para tener una vida más feliz. Demasiado foco en el placer se traducirá en proyectos inacabados. Demasiado foco en el propósito se traducirá en una excesiva autoexigencia y en la sensación de que nunca es suficiente. En la correcta mezcla de ambos está la clave, según Dolan. A menudo digo que hay dos yoes: la persona que soy y la que quiero ser, y nuestro compromiso consiste en reducir la brecha entre lo que somos y lo que queremos ser; pero hay algo más importante que eso, y es aceptarnos tal y como somos. Como argumenta el exjugador de Los Angeles Lakers Kareem Abdul-Jabbar en su libro *Coach Wooden and Me: Our 50-Year Friendship On and Off the Court* («El entrenador Wooden y yo: Nuestros 50 años de amistad dentro y fuera de la cancha»), «si eres muy bueno en algo la gente esperará que lo seas en todo y corres el riesgo de decepcionarte a ti mismo con tu autoexigencia. La grandeza no está en ser perfecto, sino en admitir tus errores y aprender de ellos». Al igual que en los grandes equipos, el miedo a perder suele ser mayor que el miedo a ganar, dada su condición de favoritos y la consiguiente presión que esto implica. Las personas perfeccionistas tienden a soportar una mayor presión por tener la expectativa de que no pueden fallar. En el caso de los equipos deportivos, esto provoca que la victoria no les aporte a los jugadores una sensación de disfrute, sino más bien de alivio. Lo mismo les sucede a los perfeccionistas. Conocernos mejor, aceptarnos como somos y entender que ser así es precisamente lo que nos ha traído hasta aquí, nos puede dar ese pequeño empujón para lograr conectar más con nosotros mismos y con los demás y, ¿por qué no?, disfrutar un poco más de las pequeñas victorias.

En mis sesiones de formación en empresa a menudo lanzo una pregunta a los participantes: «¿Qué preferís, un jefe perfecto o un jefe humano?». De momento nadie ha contestado lo primero. Sin embargo, cuando se trata de nosotros, en la mayoría de las ocasiones nos esforzamos más en parecer perfectos que en parecer humanos. El perfeccionismo no nos hace más humanos; la autenticidad y la vulnerabilidad sí. Tanto Pep Guardiola como Unai Emery han entendido que, a la vez que buscaban la perfección en sus sistemas de juego, debían abrirse más en el aspecto humano para conectar con sus jugadores, debían mostrarse vulnerables como cuando les tocaba aprender un nuevo idioma o reconocer que no sabían algo y pedían ayuda a sus propios jugadores. A veces equivocarnos nos puede hacer incluso mejores a ojos de los demás.

Esa conexión con nuestros equipos parte de un profundo autoconocimiento, y el autoconocimiento y la conexión se terminan retroalimentando en un proceso que nos lleva hacia la excelencia. Cuanto más se conocen a sí mismos Emery o Guardiola, menos inhibición muestran al enfrentarse a esa primera rueda de prensa en un idioma extranjero[9] o a cualquier otro reto desconocido. Y cuanto menos se inhiben ante los nuevos retos, mayor es la sensación de control que tienen sobre ellos y, en consecuencia, mejores son los resultados. Con esto sucede igual que cuando nos reímos de nosotros mismos: al principio ni se nos ocurre porque nos da mucha vergüenza, pero cuando lo vamos haciendo poco a poco y nos damos cuenta de que no solo no pasa nada, sino de que nos ayuda a conectar aún más con los demás, acabamos utilizando más este recurso. La risa es un gran medidor del autoconocimiento y también lo es del *locus* de control interno.

Numerosos estudios muestran que el *locus* de control interno nos hace sentirnos más empoderados para afrontar las situaciones que se nos presenten en la vida y, según los estudios de Myers y Diener[10] o de Pannells y Claxton[11], las personas que muestran niveles altos se perciben además como más felices. Esto se debe a que también son más creativas y esta creatividad les ayuda a desarrollar estrategias para sentirse realizadas, para pasar a la acción. Haciendo un símil futbolístico, el *locus* de control interno nos ayuda a no culpar al árbitro o al césped por la derrota a la vez que nos abre el camino para confiar en nuestra estrategia y aportar distintas soluciones para remontar el partido si es necesario. En otras palabras, nos ayuda a «echar siempre el paraguas», pero sobre todo a no culpar al mundo si nos hemos mojado y, con suerte, a evitar mojarnos la próxima vez.

CAPÍTULO

Impacto social
Rompe los pronósticos

«La mejora de la sociedad no debe ser
trabajo de unos pocos. Es una
responsabilidad que debe ser
compartida por todos».

David Packard

1. Tu código postal influye más en tu salud que tu código genético

Óscar Sánchez nació en el barrio de Aluche en Madrid en el seno de una familia humilde. «Recuerdo perfectamente el día que cambió todo. Al volver del trabajo, mi padre nos dijo a mi madre y a los cuatro hijos: "Es probable que pierda el trabajo pronto". En ese momento, movilizado por el miedo ante esta posibilidad, decidí sacarme el título de entrenador de tenis para contribuir en casa». Meses después, Óscar empezó su carrera universitaria, aunque no como él había soñado. En lugar de acudir al campus y disfrutar de una experiencia única en la vida, se matriculó en Ciencias Económicas por la Universidad Nacional de Educación a Distancia (UNED) para poder seguir trabajando. «Gracias al título de profesor de tenis conseguí suplencias en el Ayuntamiento de Madrid y poco más tarde me presenté a una oposición de técnico deportivo también del ayuntamiento y conseguí la plaza».

Sus diversas experiencias profesionales y vitales pronto le llevaron a ver el deporte como herramienta transversal. «La oportunidad que te da trabajar en una ciudad te permite ver el deporte desde todos sus prismas: el privado, el público, la gestión, educación, salud, servicios sociales...», me contaba mientras conversábamos en su despacho del centro deportivo Entrevías del barrio madrileño de Vallecas, un distrito de más de 220 000 habitantes que posee la renta más baja y la mayor tasa de paro de toda la Comunidad de Madrid (el 20 % de las personas que cobran la renta mínima se hallan concentradas en este distrito). «Por mi trabajo tengo contacto diario con personas con experiencias de vida realmente duras y esto, aparte de devolverme constantemente a la realidad, me ha hecho darme cuenta de que en muchos casos sobrevivir es en sí mismo un caso de éxito», comentaba el propio Óscar.

«De forma casi casual empezamos a conectarnos aquellas personas que trabajamos por el bienestar: médicos, enfermeros..., pero también profesores, psicopedagogos y trabajadores sociales». Al poco de tomar las riendas del centro deportivo Entrevías en 2012, además de trabajar duro para retomar el rumbo de una organización con más de cien trabajadores que mostraba graves problemas de falta de ocupación, Óscar tuvo la valentía, algunos dirían osadía, de promover junto a un grupo de expertos la creación de un proyecto revolucionario: Vallecas Activa. Todo comenzó con una revelación en forma de dato. Por primera vez en la historia nuestro código postal influía más en nuestra salud que nuestro código genético. En otras palabras, nos morimos más por nuestro estilo de vida y por el contexto en el que vivimos que por enfermedades contagiosas o genéticas, según un informe de la Organización Mundial de la Salud. Por tanto, los hábitos que adquirimos a lo largo de nuestra vida y nuestro entorno influyen más en nuestra salud que cualquier otro factor de riesgo. «El día que vi los datos me quedé atónito. Si a esto le sumas el hecho de que el sistema sanitario y el estado de bienestar están prácticamente en una situación muy delicada, el panorama era y es insostenible». Óscar fue más allá: «Esto no solo pone en riesgo los sistemas sanitarios, también pone en riesgo los sistemas económicos que los soportan». Es lo que se denomina la cronificación de las enfermedades. El sistema de salud estaba trabajando la enfermedad y tenía que virar para trabajar la salud. «Viendo las diferencias entre barrios de Madrid en cuanto a calidad y esperanza de vida, saltaba a la vista que nuestro código postal pesa más en nuestra salud que nuestro código genético. Teníamos que hacer algo al respecto». Desde ese momento, la obsesión de Óscar fue romper con ese estigma dándole la vuelta a la tortilla. «Por un lado vimos que el patrimonio municipal más caro de Madrid eran sus instalaciones deportivas y que existían muchas horas valle con poca ocupación. Había que devolver ese patrimonio a los vecinos, permitir que hicieran más uso de él. Y, por otro lado, los servicios sanitarios se encontraban desbordados en muchos casos porque las personas que atendían eran casi siempre las mismas que regresaban cada siete o quince días a por nuevas recetas de medicamentos. En el propio problema encontramos la respuesta».

La respuesta fue un cambio de foco: poner el énfasis en trabajar la salud y no en curar la enfermedad; anticiparse al problema, como hicieron Emilio Butragueño, Steph Curry y LEGO, para evitarlo, para prevenir antes que curar. «Estrategias de prevención de salud y documentos PDF con información sobre cómo había que hacer las cosas había muchos; lo que faltaba era hacer algo al respecto, hacer que las cosas pasaran. Necesitábamos un proyecto». Bajo esta premisa, Óscar conectó a los distintos agentes que trabajan por el bienestar en la ciudad de Madrid y este equipo multidisciplinar creó por primera vez la receta deportiva, un proyecto de abajo a arriba, impulsado íntegramente por los ciudadanos y que permite a los médicos recetar deporte en lugar de pastillas cuando el diagnóstico así lo requiere, ya que, según los expertos, los factores de riesgo principales pueden trabajarse mediante la actividad física. La receta deportiva incluye un programa específico de actividad física y de educación de nueve meses de duración. El programa comprende sesiones sobre hábitos saludables y la bonificación del 50 % en la cuota anual del centro deportivo en cuestión para la realización de actividad física. «Nuestro objetivo era claro: elevar el umbral para proteger el bienestar de los ciudadanos».

Gracias a la receta deportiva de Vallecas Activa, se ha logrado romper los pronósticos sobre la calidad de vida y el código postal. Pero los beneficios han ido mucho más allá de lo que esperaban: se ha generado además una red de apoyo entre vecinos que coinciden en estas actividades, que tejen lazos comunitarios entre ellos y fortalecen su sentido de pertenencia al barrio y su sentimiento de ciudadanos. «La empatía que muestran los usuarios es tal que se han dado varios casos donde algunos usuarios han pagado la cuota de otros vecinos que no podían hacer frente a dicho pago». En unas ciudades en las que cada vez hay más población, pero donde las personas conectan menos entre sí, iniciativas como la de Vallecas Activa demuestran que cuando fomentamos el verdadero sentimiento de comunidad, no solo ganamos todos, sino que además vivimos más y mejor.

Hace apenas unos meses han abierto un gimnasio *low cost* muy cerca del centro deportivo municipal, y al preguntarle a Óscar por la posible competencia del nuevo centro, este me contestó: «Mis competidores no son otros gimnasios, bienvenidos sean. Mis competidores son tres: la PlayStation, la soledad y la depresión». Hace apenas unos años, un estudio publicado por el Instituto Universitario de Salud Mental Douglas de Canadá reveló que las personas que viven en ciudades tienen un 21 % más de riesgo de padecer ansiedad y un 39 % más de sufrir una depresión. Para evitar que el código postal nos afecte más que el código genético, necesitamos fortalecer nuestros lazos en la comunidad en la que vivimos. Quizás lo más sorprendente del asunto es que se haya podido llevar a cabo pese al gran número de partes que estaban involucradas en él. El proyecto ha contado con un riguroso trabajo de coordinación entre el personal sanitario de Madrid Salud y Atención Primaria de Puente de Vallecas, trabajadores sociales, profesores, maestros y el personal de los centros deportivos municipales. Un grupo muy numeroso de agentes que pertenecen a colectivos distintos y con objetivos diferentes, pero con un gran objetivo común. Y esta responsabilidad social por mejorar nuestro entorno no es exclusiva de los de agentes públicos. El sector privado también tiene en su mano romper los pronósticos: un estudio realizado en 2017 por epidemiólogos de varios países con población española que había sido víctima de las preferentes (solo en Madrid el 11 % de la población adulta ha sufrido algún fraude bancario desde 2006, según la Encuesta de Salud de la Ciudad de Madrid realizada en 2017) reveló que, como consecuencia de ello, estas personas tenían una peor salud física, mayor número de trastornos crónicos, mayor frecuencia de dolor de espalda cervical y una mayor necesidad de atención psicológica que las personas que no refieren haber tenido esta experiencia. Además, cuanto mayor era el impacto económico del fraude, mayor era el daño en salud. Para mejorar nuestro contexto es fundamental que se trabaje desde todas las líneas posibles de actuación y evitar así que lo que se mejore por un lado, se acabe empeorando por otro.

Intrigado por saber dónde nace en Óscar esa profunda responsabilidad y deseo por mejorar su entorno, por perseguir la equidad y el impacto social, le pedí que me contara más aspectos[1] de su vida personal y sobre su pasado, ese que no te define pero que sí te moldea. Su mujer es trabajadora social y no hay día que no compartan al llegar a casa las vivencias que han tenido en sus respectivos trabajos. Además, su hijo perdió la audición de pequeño, aunque hace poco más de un año que consiguió por fin un implante coclear, y tanto Óscar como su mujer han estado expuestos a muchas más experiencias que les han hecho ser mejores líderes; personas que se cuestionan el *statu quo* y que promueven el cambio en las organizaciones en las que trabajan desde dentro. Los mejores líderes son intraemprendedores sociales, personas innovadoras que mejoran los entornos en los que viven y trabajan. Y nunca lo hacen solos; los mejores líderes son líderes sociales. El proyecto Vallecas Activa es el resultado del trabajo de muchísimas personas, que no solo ha recibido numerosos premios entre ellos el Premio Estrategia NAOS del Ministerio de Sanidad, sino que además se ha extendido a otros distritos de la ciudad y ha inspirado a que otras ciudades hagan lo mismo. Cuando el liderazgo se une con la responsabilidad social se convierte en un arma de construcción masiva.

2. The Black Eyed Peas y El Celler de Can Roca: Cómo mejorar nuestro contexto

Durante el Foro Económico Mundial de Davos en 2017[2], la periodista de la CNBC, Tania Bryer, entrevistó al cantante will.i.am, miembro del grupo The Black Eyed Peas. Este explicaba el origen de sus inquietudes por crear proyectos emprendedores con un toque muy especial. Will que ya había participado en las dos ediciones anteriores del Foro de Davos presentando varios de sus proyectos extraescolares para enseñar STEM en East Los Angeles, uno de los barrios más desfavorecidos de la ciudad californiana contaba que se crio en barrio humilde de Boyle Heights y que su madre decidió inscribirle en una escuela especializada en ciencia, Brentwood Science Magnet, que estaba a dos horas en autobús desde su casa para alejarle de los peligros de las drogas y bandas del barrio al menos unas horas al día. «Tenía 7 años y era como si vivieras en Londres y te mandaran a un colegio en París», añadía Will.

«Aún recuerdo el día que me di cuenta de que éramos pobres. El colegio organizó una colecta de latas de comida y cuando le dije a mi madre que teníamos que llevar algo de comida enlatada se rio y me dijo: "Cariño, tú no vas a ir a la escuela con ninguna comida". Días más tarde, vi a unos niños de mi barrio con una caja de comida igual a la que habíamos preparado en el colegio. Resultaba que nosotros éramos aquellos niños pobres a los que el colegio iba a enviar la comida. Cuando eres pobre no sabes que lo eres porque todo el mundo a tu alrededor está igual. Pero ver a los niños ricos traer a casa cajas de comida me hizo darme cuenta de la realidad. Fue una verdadera llamada y me hizo ser la persona que soy. Por eso voy a seguir dándolo todo por aquellos que lo necesitan».

Lo más curioso del asunto es que años más tarde will.i.am conocería a un niño todavía más pobre que él. Un niño filipino llamado Allan Pineda a quien también le encantaba la música. Ese niño filipino acabaría convirtiéndose en el fundador de The Black Eyed Peas junto a Will. «Cada vez

Apl.de.ap, su nombre artístico, venía a casa me decía: "Jo, tu barrio está genial". Y yo le decía que no, que éramos pobres. Y entonces me dijo: "Esto es un lujo comparado con el sitio de donde vengo en Filipinas, ojalá puedas verlo algún día". Y ese día llegó. Fue durante la gira *Where is the love* en 2004-05. Nada más aterrizar pude comprender que todo lo que me contaba era verdad».

Años más tarde Will y Apl regresaron a Filipinas con su famosa gira mundial *I got a feeling* y Apl se empeñó en llevar a Will a ver una casa nueva que acababa de construirse. «Yo esperaba que la casa estuviera en alguna zona acomodada de Manila y para mi sorpresa, veo que continúa conduciendo por la misma ruta que lleva a su provincia, al campo donde se crio». Will no pudo evitar decirle: «Pensaba que te habías mudado a un barrio mejor». A lo que este contestó: «¿Por qué haría eso? Yo no quiero mudarme a un barrio mejor, yo quiero hacer mi barrio mejor». Y allí estaba la casa. Y junto a la casa había una escuela que Apl acababa de inaugurar. «Quiero ayudar a educar a los niños de mi zona, porque aquí nací y aquí me crie». Y Will le contestó: «No puedo estar más feliz de estar en un grupo contigo». Dos amigos pobres de dos lugares remotos entre sí que comparten su sueño por la música y que, una vez cumplido, ahora lo utilizan para transformar sus comunidades.

El niño pobre del barrio East Los Angeles no solo cumplió su sueño, sino que además posee varias empresas de tecnología y lleva años desarrollando programas educativos en su barrio y otros desfavorecidos para que los niños no tengan como única opción de salida subirse cada día a un autobús durante dos horas en busca de un futuro mejor. Es cierto que el código postal influye más en nuestra salud que el código genético. Pero también es cierto que está en nuestra mano mejorar nuestro entorno, nuestro código postal.

De mejorar tu contexto saben mucho los hermanos Roca, propietarios del restaurante El Celler de Can Roca, que cuenta con tres estrellas Michelin y lleva desde el año 2011 entre los tres mejores restaurantes del mundo[3].

Con 22 y 20 años respectivamente (años más tarde se uniría Jordi, el hermano pequeño), Joan y Josep decidieron abrir El Celler de Can Roca en el barrio en el que vivían, un lugar *a priori* inadecuado para abrir un restaurante gastronómico. Para ellos era el mejor barrio del mundo, pero la realidad decía que Germans Sàbat era un barrio obrero, todavía naciente y en las afueras de una pequeña ciudad. Era un proyecto atrevido, incluso inconsciente, pero eran jóvenes con ganas de trabajar. Para ellos era un reto hacer algo nuevo cada día. Antes de montar el restaurante, Joan y Josep viajaron a Francia para aprender de los mejores y compraban todos los libros de los que llamaban sus héroes, los cocineros franceses. Era lo que les inspiraba. Pero sobre todo les movía aprender. Aprender más. Estaban en un mundo donde cada *input*, cada descubrimiento o cada cocinero con el que hablaban era una nueva lección. Esto pasó hace 30 años y les sigue pasando ahora. El talento y las ganas de aprender no tienen fin ni edad. El hecho de seguir aprendiendo les mantiene viva la pasión necesaria para seguir trabajando, haciendo cosas nuevas y permitiendo que la gente cumpla sus expectativas, que además son altísimas. Una pasión que nació junto a los fogones de Can Roca, la casa de comidas que sus padres regentaban y junto a la que construyeron El Celler de Can Roca original. A veces el emprendedor no tiene un proyecto, es el proyecto el que tiene al emprendedor, y es que no es lo mismo lo que te gusta hacer que para lo que estás hecho.

Los hermanos Roca viajan mucho en busca de nuevas técnicas que aplicar. Es el oficio de seguir aprendiendo. Además, Joan ha pasado 20 años vinculado a la educación. Según comenta él mismo: «Para enseñar tienes que saber, tienes que acumular conocimiento para sentirte cómodo enseñando, y esto te obliga a seguir aprendiendo. Además, aprendía y mucho de mis alumnos, de la gente que venía a aprender. Es una simbiosis, un intercambio de conocimiento. Aprender es el oficio más bonito del mundo». Aprender para enseñar y enseñar para aprender.

Como curiosidad, en 1989 Joan Roca trabajó en el Bulli, el espacio de Ferran Adrià en Cala Montjoi, Girona, que cambiaría el rumbo de la gastronomía mundial. A veces el «quién» es más importante que el «qué» y el «cómo». Saber de quién aprender nos abre una puerta fascinante hacia nuevas posibilidades. La imitación es una buena base para encontrar nuestra esencia, como cuando el alero de Boston Celtics, Jason Tatum, comenzó a emular los movimientos de Kobe Bryant y acabó entrenando con él durante los veranos para perfeccionar su técnica, o cuando Kobe Bryant hacía lo propio imitando los movimientos de Michael Jordan (existen varios vídeos de YouTube que muestran el parecido asombroso entre los movimientos de estos tres jugadores). Es más fácil que exista un Jason Tatum si antes ha habido un Kobe Bryant y un Michael Jordan que inspirara anteriormente a este. Del mismo modo, es probable que la esencia de Can Roca haya sido posible gracias en parte a al Bulli y, sobre todo, gracias a la influencia de esa casa de comidas en la que los hermanos Roca se criaron viendo el cariño que sus padres ponían en cada plato que cocinaban. Por último, el quién también nos ayuda a remontar circunstancias adversas, como cuando LEGO decidió apostar por unirse a Disney y Star Wars para levantar la empresa. Podía haber tenido muchos *qués* o *cómos*, pero la clave de su éxito fue buscar al compañero de viaje ideal.

Para mejorar el contexto en el que nos movemos debemos romper los pronósticos, como sucedió en aquel barrio de Girona, o como hizo aquella atleta llamada Kathrine Switzer al completar los 42 kilómetros de la maratón de Boston ante la mirada atónita de los jueces. O como hizo aquel jugador de baja estatura llamado Spud Webb que acabó triunfando en la NBA. Para crear nuestra propia historia todo pasa por saber qué es lo que de verdad nos importa, por tener claro el *quién*: de quién aprendemos, quiénes son nuestros referentes; el *cómo*: cuál es nuestro valor añadido, nuestra seña de identidad y el *qué*: en qué proyecto se convierte, en este orden.

Óscar Sánchez, The Black Eyed Peas y los hermanos Roca, tres historias muy distintas con un punto de unión: su conciencia social. Cuando ponemos el foco en mejorar lo que tenemos o el contexto donde vivimos, en lugar de huir hacia algo mejor, pueden suceder cosas maravillosas. En estas tres historias, huir del problema no era una opción, porque suponía seguir siendo parte de él. Los hermanos Roca, el equipo en el que trabajaba Óscar Sánchez en Vallecas y will.i.am y Apl de The Black Eyed Peas rompieron los pronósticos: cuando todo apuntaba a que se encontraban en el contexto equivocado para crear sus proyectos, ellos se empeñaron en demostrar lo contrario. Se convirtieron en mejores líderes pese a su contexto, pero también se convirtieron en mejores líderes gracias a su contexto, gracias a haber estado expuestos a unas vivencias que les harían convertirse en seres especiales. Cuando ponemos el foco en la calidad y en mejorar la vida de los que nos rodean, podemos hacer que el contexto importe menos. A nadie en Girona le importó desplazarse unos kilómetros más para ir a El Celler de Can Roca porque sabían que merecería la pena. Romper los pronósticos no es fácil, pero la calidad, el cariño y la generosidad en lo que hacemos sin duda lo hacen más posible. Para ello, es necesario que, como hicieron los protagonistas de este capítulo, erradiquemos el concepto de *el otro* y agrandemos el *nosotros*. Lo que hagamos hoy definirá cómo serán las personas en el futuro. Y lo mejor es que no tenemos que cambiar quiénes somos, solo tenemos que cambiar un poco, o mucho, lo que hacemos.

Como veremos en el siguiente y último capítulo, en un mundo cada vez más conectado y con mayor interdependencia, los siete rasgos vistos hasta ahora: autoeficacia, propensión al riesgo, creatividad, pensamiento crítico, tolerancia a la ambigüedad, *locus* de control e impacto social necesitan de un octavo ingrediente para ser realmente efectivos, para ayudarnos a convertir las ideas en proyectos y a lograr el cambio deseado.

> «Cuando algo es lo suficientemente importante
> para nosotros, somos capaces de hacerlo,
> aunque los pronósticos no estén
> a nuestro favor».
>
> Elon Musk

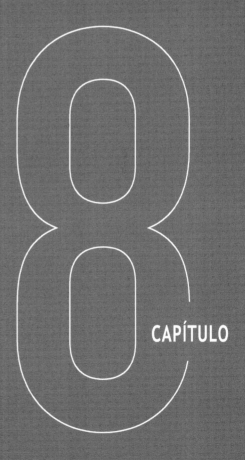

CAPÍTULO

Empatía
Aprende a leer bien
las emociones

«La empatía es encontrar ecos de otra
persona en ti mismo».

Mohsin Hamid

En Belgrado, Yugoslavia, durante la Segunda Guerra Mundial,
un poeta llamado Marko Dren esconde a su amigo Petar Po-
para y a su familia en un sótano para evitar que sean captu-
rados por los nazis. Allí ocultos se dedican a fabricar armas
para la guerra, pero cuando esta acaba, Marko no les dice
nada y los mantiene engañados para que piensen que la guerra continúa y sigan fabricando armas y trabajando para él
durante varios años más.

Esta es la sinopsis de la película *Underground*[1], pero podría
perfectamente ser el resumen de muchas de las situaciones que se producen en nuestro entorno laboral. Conforme
ascendemos profesionalmente y comenzamos a gestionar
un mayor número de personas, existe la tentación de pensar que, en cierto modo, estos trabajadores nos pertenecen
y que son nuestros, sobre todo si producen mucho y bien.
Después de todo lo que hemos invertido en ellos, ¿cómo
dejarles que se marchen a otro departamento? O lo que
es peor, ¿cómo permitir que se vayan a otra empresa? Y es
entonces cuando algunos jefes sacan todo su repertorio: al
preguntarles si dan el visto bueno para que la persona cam-
bie de departamento, dicen que no está interesada —toman
decisiones por ellos—, que no está preparada —pero sí las
quieren en sus equipos— o directamente que no es posible,

cortándoles su desarrollo profesional en cualquiera de los casos. Todo ello, por supuesto, sin haberle preguntado a la persona en cuestión. Por desgracia, muchos de esos trabajadores nunca llegan a enterarse de que la guerra ha terminado, porque a sus jefes no les interesa: les interesa que sigan trabajando para ellos. Y estas personas no son conscientes de que no ocurre nada fuera, de que sus jefes simplemente no se han preocupado por su crecimiento.

Este tipo de comportamiento, por desgracia bastante común, no se debe a que estos líderes sean malas personas, sino a que, dominados por el miedo, acaban desarrollando comportamientos nocivos para sus equipos y, a la larga, también para ellos mismos. Esta falta de empatía, la capacidad de sentir y comprender las emociones de otras personas[2], los lleva a terminar aislándose y, tarde o temprano, sus trabajadores acaban huyendo de aquel sótano en busca de algo mejor. Hay que aceptar que el paso más natural es que la gente abandone el equipo. Si sabemos el valor que aportan al equipo y a nosotros mismos y no queremos que se vayan, tendremos que aportarles valor también a ellos. Para ello será interesante anticiparnos y darles motivos con nuestro comportamiento diario para que quieran desarrollarse junto a nosotros. Y, llegado el día, seguramente lo más adecuado y sano, tanto para ellos como para nosotros, será que sigamos creciendo por separado.

Para Tom Peters, uno de los mayores expertos en *management*, los líderes crean líderes, no seguidores. Cuanto más empoderemos a nuestros equipos y más espacio para su crecimiento les otorguemos, mejores serán los resultados y probablemente más querrán seguir junto a nosotros, aunque esto último no dependerá exclusivamente de nosotros.

1. El poder y el peligro de las primeras impresiones

Cuando te dedicas a trabajar con grupos de personas muy diferentes cada día, terminas acumulando un amplio abanico de anécdotas y aprendizajes que te sirven para afrontar situaciones parecidas en el futuro. No todas las anécdotas se convierten en aprendizajes, aunque muchos aprendizajes comenzaron en una anécdota. Sea cual sea nuestro sector, con cuantas más personas trabajemos, más herramientas incluiremos en nuestra mochila, siempre que mantengamos una mirada fresca y libre de prejuicios, algo realmente complicado y que requiere un esfuerzo diario.

Este mal del experto se origina cuando nos apoyamos demasiado en nuestra intuición y acabamos siendo presas de nuestro propio juicio. Por ejemplo, si me dedico a vender cualquier servicio y clasifico a mis clientes según su vestimenta o forma de hablar, seguramente acierte en muchas ocasiones si el cliente tenía intención de comprar o no. Pero ¿y si lo que ha hecho el cliente es confirmar mi creencia sobre él? ¿Y si lo he tratado de una forma diferente y esto ha condicionado su decisión de compra? Por ejemplo, si presto más atención y soy más cordial con una pareja que me parece adinerada, y hago lo inverso con una pareja que aparenta serlo menos, es probable que, sin quererlo, esté condicionando la venta con mi comportamiento. Y, cuando ambas parejas se hayan ido y solo haya comprado la que aparenta ser más rica, me diré a mí mismo: «Lo sabía», autoengañándome y alimentando este prejuicio, y repitiéndolo con los próximos clientes.

Dicen que las primeras impresiones son las que cuentan, pero esta frase, lejos de ayudarnos, nos puede limitar. Es cierto que el dicho existe por algo; existen muchos rasgos que son imposibles de fingir, como la confianza o el entusiasmo. Según la investigadora Amy Cuddy, autora de la magnífica charla TED «El lenguaje corporal moldea nuestra identidad[3]», «cuando intentamos fingir confianza o entusiasmo, los demás notan que hay algo que falla, aunque no sepan decir exactamente qué es». Y la autora basa esta afirmación en dos décadas de investigación sobre la materia. Aunque una primera impresión nos puede dar pistas sobre si la otra persona tiene confianza en sí misma o le entusiasma de verdad lo que le estamos contando —podríamos relacionar esta última parte con la empatía—, las investigaciones de autores como Paul Ekman demuestran que no sabemos leer bien las caras: nos equivocamos con frecuencia al interpretar las emociones de la otra persona, y lo peor es que no somos conscientes de ello. La cara no es solo el espejo del alma, es el espejo de las emociones y debemos aprender a leerlas bien.

David Matsumoto y Hyi Sung Hwang, en sus estudios desarrollados en las últimas dos décadas, afirman que las expresiones faciales de emoción son parte de nuestra historia evolutiva y suponen una capacidad innata que adquirimos biológicamente y que podemos entrenarla y mejorar día a día. Pero esto solo funciona con las macroexpresiones, de las que siete son universales con independencia de la cultura (alegría, tristeza, sorpresa, enfado, repulsión, desprecio y miedo). Sin embargo, la mayoría de las personas no son buenas reconociendo las microexpresiones, las expresiones faciales sutiles[4]. La diferencia entre ambas radica en su duración: una macroexpresión dura entre 0.5 y 4 segundos e incide en todo el rostro[5], mientras que una microexpresión dura entre 0.03 y 0.5 segundos, son tan rápidas que un simple pestañeo nos impediría verlas y no se pueden controlar de forma voluntaria ni fingir. Esto nos enseña que, si queremos entender las emociones que hay detrás de las expresiones faciales de forma más acertada, debemos prestar más atención a los detalles y no sacar conclusiones demasiado pronto, especialmente si se trata de dos personas de culturas distintas[6]. Por lo tanto, cuanto mayor sea la diferencia cultural entre nosotros y la otra persona, más flexibles deberemos ser con cómo interpretamos su lenguaje no verbal. Para Daniel Pink, autor de *A Whole new mind*, lo mismo sucede con la mentira: se nos da muy mal saber cuándo alguien miente pero pensamos que lo sabemos muy bien.

Una de esas anécdotas-aprendizaje que comentaba unas líneas más arriba sucedió mientras impartía una formación sobre comunicación y gestión de equipos en la sede de una empresa dedicada a la construcción y gestión de carreteras. El grupo de participantes era de doce personas. «Ideal para trabajar en mayor profundidad», pensé. Y así fue. Cuando llevábamos la mitad del taller y estábamos trabajando conceptos sobre el *feedback*, les pregunté por las barreras que tenían para comunicarse con sus equipos. Una de las asistentes se levantó y, mirando a una de sus trabajadoras, le dijo: «Lo que me pasa es que no me importas». Cuando crees que lo has visto todo, cuando piensas que nada nuevo te puede sorprender, te das cuenta de todo lo que te queda aún por ver. En ese momento, se hizo un silencio absoluto y todas las miradas se centraron en aquella trabajadora que, desconcertada, seguía mirando a su jefa y aumentando su nerviosismo de forma exponencial. Segundos más tarde, aunque parecieron minutos, y viendo las caras de todos, la jefa continuó: «No, no me entendéis. Lo que quiero decir es que yo quiero que me importes, pero no sé cómo hacerlo...». Y en su rostro se podía leer la macroexpresión de tristeza, la frustración por no mostrar empatía y por no saber cómo cambiar esto, porque a ella también le estaba afectando.

No hace falta decir que hubo un antes y un después en el taller tras aquella afirmación. Lo que parecía el inicio de una discusión acabó siendo todo lo contrario. La vulnerabilidad que mostró la jefa, no con lo que dijo, sino con cómo lo dijo, dio pie a una poderosa conversación, primero entre todos y después entre las dos, en la que cada una se abrió y compartió lo que sentía y qué necesitaba para que la relación entre ambas no se deteriorara más. Al final de aquella sesión, sus caras eran de alivio. Ambas sabían que tenían una conversación pendiente y por fin se había producido. A veces tenemos que forzar que se produzcan esas conversaciones que vamos postergando, porque de forma natural no tenemos la fuerza para abordarlas por el dolor que ello implica. La valentía que ambas mostraron les hizo empezar de nuevo su relación y verse con otros ojos.

Ese día la jefa se convirtió en una mejor líder. Para transformar a tu equipo, primero debes conectar con ellos y para conectar con ellos debes saber leer sus emociones. Como veíamos en un capítulo anterior, todo parte por conocerte a ti mismo primero. Al igual que la cascada de un río empieza por arriba, una mayor apertura y transparencia de los equipos directivos hará que el efecto se propague hacia abajo y se cree ese entorno en el que los miembros compartan abiertamente sus miedos y necesidades. Una de las mejores herramientas que tenemos para crear equipo y para inocular nuestros valores es compartir historias con ellos. Todo empieza con una historia...

Pero esto no es solo aplicable a las personas que dirigen equipos. La empatía es uno de los pilares de la inteligencia social y, por tanto, todos necesitamos practicarla con independencia de nuestro puesto de trabajo. Esta nos ayuda a emprender, puesto que hacer algo por alguien es tener un motivo más para llevar a cabo nuestro proyecto. Y cuantos más motivos tengamos, más probable es que lo hagamos. Una de las ventajas de la empatía es que, a diferencia de lo que ocurre con la confianza o el entusiasmo, podemos fingirla hasta que sea verdadera.

David Swink[7] ha entrenado a numerosos negociadores en casos de secuestro de rehenes y a lo largo de su trayectoria profesional ha podido ver cómo, en una negociación, cuando pasan las dos primeras horas, los negociadores empiezan a sentir empatía hacia los secuestradores como resultado de haber estado fingiendo empatía hacia ellos, incluso cuando los secuestradores han tomado niños como rehenes, demostrando que fingir la empatía nos acerca a la empatía. En su libro *Design your life,* los expertos en Design Thinking, Bill Burnett y Dave Evans argumentan que el mayor error a la hora de crear un nuevo proyecto es empezar por el problema. Para los autores: «No debemos empezar con el problema, empecemos por las personas, comencemos por la empatía». La empatía es la primera piedra de cualquier emprendimiento.

Swink también comparte en la revista *Psychology Today* los resultados de un estudio desarrollado por el Center for Creative Leadership, con una muestra de 6371 líderes de 38 países, que revelaron que la empatía está directamente relacionada con el desempeño laboral. El estudio concluía diciendo que los *managers* que mostraban más empatía hacia sus trabajadores directos eran vistos como más eficientes por sus jefes. Al contrario de lo que pasó con el protagonista de *Underground*, que por falta de empatía no fue capaz de producir un cambio, los líderes que muestran empatía hacia sus trabajadores les ayudan a crecer y a la vez crecen con ellos. Por el contrario, aquellos que quieren mantener a sus trabajadores en el sótano acaban viviendo también allí. Y algunos incluso acaban creyendo que la guerra aún continúa, presas del miedo. En estas situaciones, la empatía nos salva y nos ayuda a cambiar a pesar del bloqueo que nos produce el miedo.

En el lado opuesto, cuando no hay empatía, se nos restan recursos para poder afrontar ese miedo al cambio. La empatía es un filtro que nos invita al cambio. Aquel que posee empatía tiene la virtud de poder ver la situación en positivo. La empatía nos ofrece una oportunidad para enfrentar ese miedo teniendo una razón. Cuando ponemos nuestro foco en el otro y en positivo, olvidamos momentáneamente nuestro miedo al centrarnos en ayudar, o simplemente entender, al otro con su miedo. Y, aunque el miedo nos invada también a nosotros, seguiremos generando y aprovechando la empatía. Si piensas en lo que más te une a tus mejores amigos, seguramente sean los malos momentos que has vivido con ellos. Lo malo también une. A veces incluso más.

Otro aspecto que puede ayudarnos a ser más empáticos es formar parte de una comunidad. Cuantas más experiencias acumulemos, más proclives seremos a aumentar nuestra empatía. Por ejemplo, tenemos menos probabilidad de quejarnos por el llanto de un bebé durante un vuelo si hemos tenido niños que si no los hemos tenido, o es más probable que ayudemos a una señora mayor a cruzar la calle si hemos pasado mucho tiempo con ancianos que si no lo hemos hecho.

Estar expuestos a contextos distintos nos hace ver cosas que hasta ahora parecían invisibles a nuestros ojos. La empatía se agranda gracias a este concepto conocido como *together-ness*, que podríamos traducir como el sentimiento agradable de estar unido a otras personas en un entendimiento mutuo. Hay un pequeño matiz que diferencia el término *comunidad* del de *togetherness*[8]. En el primero, coexistimos, pero no necesariamente empatizamos. En el segundo, le damos sentido al hecho de coexistir. En función de nuestra personalidad y de cuánto nos conozcamos a nosotros mismos, trabajar la empatía y el sentido de *togetherness* nos será más o menos fácil, pero lo importante es seguir trabajándola, aunque nos dé cierto reparo abrirnos a los demás. Lo importante es seguir avanzando.

Veámoslo con un ejemplo. Cuando se construyó la torre de Pisa, al ir por la tercera planta comenzó a torcerse, y los obreros tuvieron que decidir qué hacer. Finalmente optaron por continuar, dado que la inestabilidad del terreno no garantizaba que, si la hacían de nuevo, se mantuviera recta. Los trabajadores estaban avergonzados por seguir construyendo una torre que estaba torcida. Ellos eran profesionales y tenían que vivir con esa imperfección diariamente y con las burlas de un sector importante de la población. Hoy en día, no es solo uno de los monumentos más visitados de Italia, sino que además se ha convertido en uno de los símbolos del país para orgullo de los habitantes locales, descendientes de aquellos que en su día se reían de aquellos obreros.

A veces nos compensa empezar de nuevo, pero, en otras ocasiones, lo importante es seguir adelante, aunque tengamos que vivir con la imperfección o, en el peor de los casos, la burla de los demás. La empatía requiere de un trabajo diario que para muchos no es cómodo, como le sucedió a aquella jefa con su trabajadora. Reconocer que uno necesita herramientas y pedir ayuda es probablemente más difícil que el hecho de adquirir esas habilidades. Al compartir su frustración delante de todo su equipo al decir que no era empática, ya estaba siéndolo más y poniendo las baldosas en su camino hacia la empatía y una mejor comunicación. Muchas veces no te das cuenta de algo hasta que lo compartes.

Una herramienta útil para mejorar la comunicación con nuestro equipo o nuestros colaboradores, especialmente en entornos de gran presión, es la estrategia CLEAR («claro» en inglés). Esta técnica, creada por un equipo de investigadores liderado por Lou Bergholz y desarrollada con jóvenes víctimas de diversos traumas, consiste en enfocar nuestra comunicación desde la siguiente perspectiva: emplear una voz y tono agradables *(Calming tone)*, realizar una escucha profunda *(Listen deeply)*, explicar cómo y por qué hacemos lo que estamos haciendo *(Explain)*, realizar preguntas poderosas que enganchen *(Engage)* y reducir el ruido externo *(Reduce noise)*[9].

¿Cuántas veces en la última semana has sentido alguna de estas emociones que veíamos arriba? Estoy cansado, triste, agradecida...) ¿Cuántas veces lo has compartido con alguien? Verbalizarlas nos ayudará a dos cosas: generaremos empatía al descubrir que otros sienten lo mismo y nos aceptaremos más al mostrarnos como somos, porque no existen los superhéroes. El lenguaje es tan importante como la emoción en sí misma.

2. La empatía y las relaciones sociales

La empatía no solo requiere de esfuerzo, sino también de atención. Sin embargo, como veíamos en el capítulo sobre el pensamiento crítico, para ser más empáticos deberemos también cuestionar nuestras propias creencias y prejuicios, especialmente cuanto más arriba estemos, porque corremos el riesgo de no ser capaz de ver otras cosas. Uno de esos prejuicios que podría jugar en nuestra contra es el que tiene que ver con las nuevas tecnologías.

En su estudio de 2016[10], Helen Vossen y Patti Valkenburg se preguntaron qué efectos podría tener el uso de redes sociales en la empatía de los adolescentes. Tras encuestar a más de 900 adolescentes de entre 10 y 14 años, su estudio reveló una relación positiva entre el uso de redes sociales y el aumento de la empatía cognitiva y afectiva. Mientras que la empatía cognitiva hace referencia a la capacidad de comprender los sentimientos de otros, la empatía afectiva se refiere a la capacidad de sentir o compartir las emociones. En otras palabras, aquellos adolescentes eran ahora más empáticos gracias al uso de las redes sociales. Y diversos estudios avalan esta teoría, como el de Alloway en 2014[11], que relaciona positivamente el uso de Facebook con una mayor empatía. O el de Valkenburg, Sumter y Peter en 2011[12], en el que describen cómo los adolescentes utilizan las redes sociales para entrenar habilidades sociales, como presentarse, que después transfieren a las interacciones cara a cara. Y estas ventajas no ocurren solo en los adolescentes. En su estudio con personas mayores de 65 años, Shannong Ang y su equipo de investigadores de la Universidad de Michigan han descubierto recientemente que el uso de las redes sociales ayuda a los mayores que están hospitalizados o aislados de la sociedad a combatir el dolor y la depresión. En otras palabras, nuestra vida social *online* estaría actuando como un mecanismo de compensación para las personas que se encuentran en esta situación.

Sin embargo, no es mi intención hacer apología sobre el uso de las redes sociales, ni mucho menos. Aunque estas nos ayudan a aumentar nuestra empatía y nos permiten hacer el mundo más cercano, también demandan nuestra atención, y por tanto, nos impiden conectar con otros. El escritor israelí Yuval Noah Harari, autor del fenómeno *Sapiens* y de las obras *Homo Deus* y *21 lecciones para el siglo XXII*, lo explica de esta forma en una entrevista[13]: «La atención es un recurso muy disputado y está vinculado a los datos. Todo el mundo quiere atraer tu atención. El modelo de la industria informativa ha sido completamente distorsionado. Ahora el patrón básico es que recibes la mayoría de las noticias supuestamente gratis (sean reales o falsas), pero en realidad lo haces a cambio de tu atención, y esta se vende a otros. El nuevo símbolo de estatus es la protección contra los ladrones que quieren captar y retener nuestra atención. No tener un *smartphone* es un símbolo de estatus. Muchos poderosos no tienen uno».

Lo cierto es que es muy difícil autodiagnosticar si somos empáticos o no. Es como con los hijos: tus colegas los educan mal, pero tú no. Quedas con los amigos y cuando vuelves a casa dices: «No veas cómo educan estos a sus hijos», pero de tu forma de educarlos no ves nada raro...Y, claro, quizá ellos piensan lo mismo de ti. Es mucho más fácil ver las cosas en los demás porque lo vemos desde fuera, tenemos perspectiva. Pero precisamente al verlo desde fuera no tenemos toda la información y recurrimos a los juicios de valor más rápidamente. Por lo tanto, para conocer nuestro punto de partida en cuanto a la empatía nos resultará útil interactuar con otras personas, exponernos a otros puntos de vista muy diferentes a los nuestros. Para el psicólogo Adam Grant, además de curiosidad intelectual, necesitamos curiosidad interpersonal, ya que interesarnos por otras personas es el principio de la empatía. El cirujano y escritor Atul Gawande opina que la curiosidad es el inicio de la empatía y que, cuando las emociones como el miedo o el enfado se apoderan de nosotros, la curiosidad desaparece y al hacerlo perdemos el deseo de entender y en consecuencia, nuestra humanidad. Como argumenta Walter Isaacson al hablar sobre su libro *Leonardo da Vinci: La biografía*: «Si tuviera que quedarme con un mensaje que quiero transmitir en el libro es que mostremos curiosidad ante todo».

En una época en la que el conocimiento cada vez nos diferencia menos, dado el fácil acceso a él, la empatía puede ser ese elemento diferenciador. Es gracias a la empatía que personas como Blake Mycoskie, autor de *Start something that matters*, deciden crear una empresa—TOMS— que mejora la calidad de vida de miles de personas a golpe de clic, puesto que cuando un cliente compra un par de zapatos, automáticamente otro par se envía a personas que lo necesitan. De repente comprar un zapato pasa de ser un acto «egoísta» a un acto generoso en el que piensas en ti y en los demás). Y también es gracias a practicar la empatía por la que Ethan Zohn, el exjugador estadounidense de fútbol, decidió que su organización Grassroot Soccer fuera dirigida por los jóvenes y para los jóvenes. Si su intención es ayudar a educar a jóvenes de entre 12 y 17 años, la ideal es que sean también jóvenes (de entre 18 y 30) los que lideren esta labor, ya que es natural empatizar con alguien más cercano a tu edad. Jóvenes ayudando a jóvenes. Zohn y su equipo saben que es fundamental trabajar con jóvenes para entender realmente lo que está pasando y no desconectarse nunca de la realidad, porque nosotros cada año seremos mayores y ellos seguirán siendo adolescentes. Tanto Zohn como Mycoskie demostraron también que la empatía puede llegar a ser incluso más importante que el conocimiento a la hora de emprender. En palabras del fundador de TOMS, «alguien que nunca hizo un par de zapatos, estudió diseño o trabajó en la moda creó una de las empresas de mayor crecimiento en el mundo simplemente por el mero hecho de entender una necesidad y actuar para cubrirla». Liderar y emprender tiene más que ver con el quién que con el qué.

3. De Madrid a Lisboa pasando por la empatía

Miguel Silvestre estaba preparado. El exciclista y ahora empresario deportivo, o emprendedor, había acudido a la prueba deportiva que une las ciudades de Madrid y Lisboa en bici por segundo año consecutivo. En su primera participación, había hecho la prueba en la modalidad de «solo» 770 kilómetros pedaleando en solitario, sin ningún relevo y prácticamente sin dormir. Tras perderse acabó haciendo 60 kilómetros más y perdió casi tres horas. Aun así, terminó segundo, a tan solo media hora del ganador. De no haberse perdido, probablemente habría ganado con dos horas y media de ventaja sobre el segundo. Pero no ganó. «No sé en qué momento se me ocurrió acudir a una prueba en la que había que usar la navegación sin saber utilizarla; pagué caro mi error, pero aprendí a cuidar esos detalles», me contaba Miguel mientras tomábamos una Coca-Cola en una terraza de su barrio. Y prosiguió: «A veces hacemos muy bien las cosas grandes, pero acabamos perdiendo todo por los pequeños detalles. Es como si dices, "he estudiado muchísimo durante el año y el día de Selectividad me quedo dormido". Mi sensación era de haber entrenado muchas horas, pero por no haber dedicado media hora en casa a revisar la ruta con cariño, me quedé fuera de la victoria».

Para quitarse la espina, Miguel decidió regresar al año siguiente con la idea de ganarla. No por el hecho de ganar ni de demostrar nada a nadie, sino por el de superarse a sí mismo, como me confesaría en aquella terraza. «El día antes de empezar la prueba sucedieron muchas cosas. Cuando estaba recogiendo el dorsal de la prueba, Valentí Sanjuan me llama y me dice: "Oye Miguel, ¿puedes pasar un segundo a verme para pedirte un consejo sobre la prueba? Es mañana y es que no me veo. Además, el que iba a venir conmigo de guía no puede estar por un tema familiar y al final me he quedado solo..."». Valentí Sanjuan se define a sí mismo como un «exgordo que un día decidió levantarse del sofá» y, desde ese momento, con un lenguaje cercano y directo al corazón, ha aconsejado a cientos de miles de personas, sobre todo a los jóvenes, para que encuentren los motivos para pasar a la acción. Aquella carrera no traía precisamente buenos recuerdos para el ciclista y *youtuber*. En su primera participación en la Madrid-Lisboa, Valentí tuvo que abandonar por un grave accidente a 200 kilómetros de la meta[14], tras el que tuvo que ser rescatado. En su segundo intento, falló de nuevo por quedar fuera de tiempo. Valentí esperaba que el dicho de que a la tercera va la vencida se hiciera realidad. Pero no las tenías todas consigo...

«Quedé con Valentí para darle tres o cuatro consejos, y ahí quedó todo, pero según me subo a mi coche, me suena el teléfono, lo cojo con el manos libres, y era Valentí. "¿Puedes volver un segundo, que se me ha olvidado contarte una cosa?". En ese momento regreso a donde estaba él y, al verme, me dice: "Tío, te voy a decir una cosa e igual me pegas un bofetón, pero necesito que hagas la Madrid-Lisboa conmigo, que me hagas de guía, porque solo no la voy a poder hacer". En ese momento ni me planteé el "no", le dije que sí inmediatamente. Y lo hice porque admiro lo que hace. Tengo amigos a los que llevo años animando a que monten en bici, siempre sin éxito, y, cuando uno de ellos me dijo que había empezado a montar en bici gracias a los vídeos de Valentí, primero le dije medio enfadado, medio en broma: "¿Toda la vida aquí a tu lado animándote a montar en bici sin éxito y ahora te motiva un tío que no conoces de nada?" Pero lo que sentí de verdad fue admiración y ganas de conocer a ese tal Valentí que había logrado movilizar a alguien desde la distancia. Había logrado hacer que mucha gente se levantara del sofá e hiciera deporte y acabó cambiándoles la vida. Solo por este motivo sabía que me iba a aportar mucho más llevarle durante la prueba que hacerla en solitario. Me era imposible ser egoísta».

El caso de Valentí también podría ser un buen ejemplo de cómo las redes sociales nos pueden ayudar a empatizar mucho más con los demás, como veíamos en las investigaciones anteriores. Basta con leer unos cuantos comentarios en cualquiera de sus vídeos de YouTube para darse cuenta del poder de conexión que tiene Valentí y de lo que es capaz de hacer sentir a la gente.

Pero no todo iba a ser alegría para Miguel Silvestre: «El reto no fue nada fácil, porque una prueba que yo habría hecho en 39 o 40 horas acabé haciéndola en 55. Eso fue lo más duro. Cuando llevaba 41 horas pensaba: «Es que todavía me quedan 14 y ya habría llegado si hubiera ido solo...».

«La otra parte dura fue ver cómo varias de las personas que se habían interesado por mí antes de la prueba, dándome ánimos y diciéndome que iba a conseguir la victoria, de repente desaparecieron cuando les dije que al final no iba a correr para ganar, sino para apoyar a Valentí. No volví a recibir sus mensajes de ánimo, y muchos incluso me llegaron a decir que no lo entendían, lo cual me sorprendió mucho. El miércoles por la tarde eran todo *whatsapps* y mensajes de ánimo. El jueves por la tarde no recibí casi ninguno. Y me costó entenderlo porque el reto para mí era aún mayor que correrla en solitario».

La empatía hizo posible que Miguel se animara a cambiar todos los planes que tenía en un solo segundo. Que renunciara al objetivo que había estado preparando por uno que sería mucho mejor, pero que jamás se había planteado. En su caso, Miguel no tenía un plan B o C, pero se mostró lo suficientemente flexible como para entender que debemos valorar si el plan A es realmente el mejor, aunque no tengamos otras opciones.

La empatía es el rasgo que hace que los siete anteriores tengan sentido, nos ayuda a entender que el talento siempre es colectivo y que nos devuelve mucho más de lo que damos. Para ello, es importante tener presente que para generar empatía debemos invertir en ella. El profesor de Duke, Dan Ariely, contaba en una entrevista con la periodista Janice Kaplan para su libro *How Luck Happens* («Cómo ocurre la suerte») que, para tener suerte en el amor, necesitamos sustituir el miedo a acomodarnos por la idea de inversión. Según él, «las relaciones se vuelven mejores cuando inviertes en ellas. El compromiso crea nuevas oportunidades». El compromiso que adquirió Miguel aquel día, desde su generosidad y empatía, acabaría creándole nuevas oportunidades que jamás esperaría.

«Hay veces que cuando el cuerpo te pide las cosas no te las tienes que pensar mucho. En aquella experiencia aprendí mucho a conocerme y a dar instrucciones. También sentí más presión que nunca porque, sabiendo toda la gente que seguía a Valentí y que estaba pendiente de si lograba cumplir su sueño de terminarla, lanzarles un mensaje de fracaso después de los dos intentos anteriores fallidos me preocupaba muchísimo. Teníamos que acabarla».

Esa presión de la que Miguel hablaba fue uno de los motores que hizo posible que ambos llegaran a la meta. En palabras de Toni Nadal, «la presión funciona cuando va acompañada de una estima profunda», y eso no es otra cosa que la empatía. Para Toni, la presión se combate mejor cuando se pone el foco en lo que él llama las dos erres: repetición y reflexión. «Las dos siempre juntas», añade Toni. Miguel también obtuvo muchos efectos secundarios positivos: «De repente me seguía muchísima gente en redes». Pasó de tener doscientos seguidores en Instagram la semana antes de la prueba a tener 4000 justo después, y Facebook se le saturó en una semana al llegar a los 5000 amigos. «No paraba de recibir mensajes de apoyo», me decía mientras se le caen las lágrimas. «Hay gente que me escribía llorando diciendo que los tuvimos dos días sin dormir y que seguirnos fue un verdadero regalo». Más allá de los números, Miguel no cambiaría aquel aprendizaje por nada del mundo. «Me gustó porque obtuve el reconocimiento de gente que no me conocía por cosas que siempre he sabido hacer, pero que nunca había hecho públicas».

Hay muchos trabajos que son invisibles, pero que no por ello tienen menos impacto. Hay cientos y miles de maestros y maestras, doctores y doctoras, cuidadores y cuidadoras que cambian la vida de las personas, como hacen Valentí y Miguel, pero que pasan desapercibidos. En un mundo cada vez más conectado, las redes nos ayudan a impactar en mucha más gente, tienen un enorme poder catalizador. «Gracias a personas como Valentí a mucha gente le ha cambiado la vida y si en toda una vida que vives logras cambiarle la vida a una sola persona, ya has conseguido muchísimo», me dice Miguel. «La prueba me sirvió para reafirmarme en lo que soy y en lo que no soy. El documental que hizo Valentí sirvió para que gente que no era amiga me conociera tanto como mis amigos. Gracias a verme desde fuera pude reafirmarme en trabajar en cosas que me aporten valor y que aporten valor a los demás».

La misión de Miguel es aportar experiencias a las personas. Él ha visto quién es, dónde le gusta estar y hacia dónde quiere ir. Aunque para él lo más importante es saber con quién quiere ir. «El deporte es la nueva religión. El deporte evangeliza. Antes peregrinábamos y ahora hacemos rutas en bici y los evangelizadores son los *influencers* deportivos. Yo quiero usar el deporte para humanizar a la sociedad y rodearme de personas a las que admiro». Un ejemplo de estas personas son las 236 historias de mujeres que han sufrido cáncer que Miguel ha leído como parte del reto Pelayo Vida. Cinco de ellas han tenido el regalo adicional de subir al Annapurna junto a un grupo de personas entre las que se encuentra Miguel. «El cáncer lo tienen determinadas personas, pero lo sufrimos todos: familiares, amigos...

Es una oportunidad, tú decides si buena o mala, a la que te tienes que enfrentar y para la que no estás programado».

En nuestra entrevista, Miguel me dijo que la edición de la Madrid-Lisboa de 2018 la iba a hacer en la modalidad solitaria, salvo que surgiera alguna historia que le apeteciera contar o apoyar. Y adivinad qué. Por supuesto acabó haciéndola en grupo. Y también aprendió a navegar...

«Es cierto que podría ganar, pero me apetece más regalarle a la gente lo que pruebas como esta me han regalado a mí. Es la evolución del deportista. Las endorfinas las puedes obtener igualmente cuando ayudas a la gente, no solo cuando compites para ganar». Resulta paradójico que a veces necesitemos «no ganar» para conectar realmente con nuestro propósito.

El futuro de las personas pasa por estar cada vez más conectadas. Y no solo eso. Cada vez trabajamos más con personas que no son de nuestra área, que no hablan necesariamente nuestro «idioma», son personas de sectores diferentes porque los proyectos requieren de perfiles más diversos a lo largo de su ejecución. Nuestro trabajo antes estaba orientado hacia la resolución de tareas en vertical: solicitando hacia abajo y reportando hacia arriba. Ahora el trabajo es mucho más horizontal, mucho menos jerárquico: nos toca trabajar con proveedores, con universidades que realizan investigaciones, con medios de comunicación, con inversores, con padres y madres que quieren conocer todos los detalles posibles sobre la evolución de sus hijos e hijas, con programadores en la otra parte del mundo que nos están haciendo una *app* para iOs o Android... Para realizar estas tareas con éxito necesitamos la empatía para conectar con todas estas personas. Cada vez hay menos rivales y más socios —término conocido como *coopetencia*, es decir, colaborar con la competencia—, y cuanto más parecen aislarnos las ciudades, más nos juntamos en espacios de *coworking*. Los seres humanos y las organizaciones necesitamos del roce para crear, para pasar a la acción. Y la lucha cada vez menor contra los competidores y más contra nuestra propia complejidad, contra nuestra burocracia.

En su libro *Cuando las arañas tejen juntas pueden atar a un león,* el experto en talento Daniel Coyle comparte los estudios del profesor del MIT Alex Pentland, que muestran que el desempeño de un equipo de trabajo está influenciado por cinco factores:

1. Todo el mundo habla y todos se escuchan en igual proporción, realizando aportaciones cortas.

2. Los miembros mantienen un alto nivel de contacto visual y gestos enérgicos.

3. Los miembros se comunican entre sí, no solo con el líder.

4. Los miembros permiten que haya conversaciones en paralelo.

5. Los equipos se disuelven periódicamente para que los miembros exploren fuera del equipo y regresen con información nueva que compartir con el resto.

La empatía también nos ayuda a ganar, como argumenta Pablo Laso. Para él, *empatía* es aprender de tus jugadores, de tu equipo de trabajo. Aprender para mejorar y mejorar para ganar. Y recordemos que el contexto también nos puede ayudar a mostrar más o menos empatía. Malcolm Gladwell lo explica en *El punto clave* cuando comparte los estudios que demuestran que somos mejores personas en una calle limpia que en una con basura. Lo mismo sucede en una pared con una pintada, aunque pensemos que no merece la pena limpiarla porque harán otra, la realidad demuestra que si no la limpiamos estamos multiplicando las posibilidades de que aparezcan muchas más. Y si la limpiamos, como ocurrió en el metro de Nueva York, a la larga acabarán por no ensuciarla. El contexto en el que vivimos nos condiciona la manera en la que actuamos, pero también hemos visto que podemos romper los pronósticos y mejorar ese contexto con nuestras acciones, como hicieron los hermanos Roca con su restaurante o como hizo el equipo de Óscar Sánchez en el barrio de Vallecas.

Gregg Popovich también nos ha enseñado que la empatía nos aporta un valor añadido, y que empatía y simpatía no están relacionadas. Él tiene fama de borde, de hecho, lo apodan el Ogro, y sin embargo es capaz de mostrar empatía como muy pocos otros entrenadores. La acción que más me impactó de su trabajo fue la forma en la que logró convencer a Tim Duncan para que fichara por los San Antonio Spurs, algo que a la postre cambiaría la historia del equipo para siempre. Cuando se enteró de que los padres de Duncan estaban preocupados por el hecho de que su hijo se marchara a cualquier ciudad desconocida para ellos, lejos de su familia, Popovich se montó en un avión y viajó a la casa de los Duncan en las islas Vírgenes para convencer a sus padres de que cuidaría de su hijo si este fichaba finalmente por los Spurs. No les habló de baloncesto, les habló de su hijo, de lo más importante que tenían. Conectó con los padres de Duncan para después conectar con él, por respeto hacia ellos y para que Duncan se ganara el respeto hacia él, como así fue, ya que el jugador reconoció años más tarde que aquel gesto marcó totalmente su decisión). Popovich no es el más afable del universo, pero ha demostrado que se puede mostrar autenticidad y amor a la vez. Se puede decir lo que se piensa abiertamente, a veces incluso airadamente —sus broncas son famosas, ni siquiera Pau Gasol se ha librado de ellas—, y a la vez mostrar un gran amor por la gente con la que se trabajaba. Las organizaciones son como los hogares, las personas, ya sean niños o adultos, necesitan ver que hay amor en el hogar, que hay respeto, que los padres o los jefes se llevan bien, que hay empatía. Si no ven que hay amor, respeto y empatía, si lo único que ven es el silencio, acabarán interpretando la realidad y creando sus propias historias en las que casi siempre predominará el sentimiento de soledad, algo totalmente opuesto a nuestra sociedad cada vez más conectada.

Miguel Silvestre estudió Derecho y Ciencias Políticas. Al igual que los protagonistas de nuestro primer capítulo, pese a haber elegido un sector diferente a lo que estudió, ha sabido aprovechar las competencias adquiridas en sus estudios para conectarlas con su deseo presente. Su carrera le ha ayudado a no juzgar, a preocuparse por los detalles y a respetar al juez,

> «Los mejores líderes son personas y organizaciones seductoras, en las que uno quiere estar, son atractivas a los ojos de los demás, por quiénes son y por lo que hacen».

el árbitro en este caso). José Ángel Sánchez, director general del Real Madrid, estudió filosofía y utiliza a menudo el lenguaje y el pensamiento para poner en valor la marca y cuestionar cómo se han hecho las cosas hasta ahora, para pensar que pueden y deben hacerse de forma distinta si el club quiere seguir liderando una industria tan competitiva como la del fútbol. Es un sector en el que aferrarnos a nuestros valores y a nuestra esencia nos ayudará a remontar las situaciones adversas, aunque otros puedan romper las reglas. Citando a Premal Shah, cofundador y presidente de Kiva, una empresa social que ofrece microcréditos para combatir la pobreza, «el propósito es lo que pone la humanidad dentro del lugar de trabajo».

Los mejores líderes son líderes empáticos, no son superhéroes, pero sí tienen el poder de mejorar el contexto en el que viven o trabajan y de empoderar a muchos otros para que hagan lo mismo. La empatía también hace que los mejores líderes aumenten su impacto e incluso reduzcan costes al unirse entre ellos, como han hecho las ciudades de Ayamonte, Vila Real y Castro Marim, que, aun siendo de países distintos, se han unido administrativamente a través del concepto *eurociudad* para organizar actividades conjuntas. Ciudades vecinas que se convierten en una sola. Ciudades, personas y organizaciones que, en lugar de ver sus diferencias, se centran en aquello que les une.

Los mejores líderes no imponen, sino que convencen con razones, logrando cambiar las reglas dentro de las reglas, nunca saltándoselas, nunca traicionando a sus valores. Lo hacen desde la honestidad y el ingenio. Como diría el exseleccionador español de baloncesto Pepu Hernández, «la seducción es más lenta que el ordeno y mando, pero tiene más recorrido». Los mejores líderes son personas y organizaciones seductoras, en la que uno quiere estar, son atractivas a los ojos de los demás, por quiénes son y por lo que hacen. Son personas empáticas y esto les hace adaptarse mejor porque entienden lo que pasa a su alrededor, son capaces de leer las emociones de los demás. Y es que como argumentaba Atul Gawande, «cuando una persona habla no está solo expresando sus ideas; por encima de eso está expresando sus emociones. Lo que quiere que escuchemos son sus emociones. Por este motivo dejé de escuchar las palabras y me esforcé en escuchar las emociones».

Los mejores líderes se reinventan constantemente, cambian cuando las cosas van bien y sacan petróleo de las oportunidades. Pueden saber o no hacia dónde ir, pueden tener o no los recursos, pero siempre se animan a probar nuevas experiencias y entienden que incluso las peores crisis ofrecen la oportunidad de hacer cosas realmente importantes, como le ocurrió a Ethan Zohn tras sufrir aquel cáncer. A menudo lo mejor que nos pasa ocurre justo después de lo peor que nos ha pasado. Para Zohn, «liderar es encontrar la grandeza en ti mismo e inspirar la grandeza en los demás, eso es un verdadero líder».

Unamos la empatía junto a los otros siete pilares de nuestro talento y nos convertiremos en líderes que entienden, que se conocen, se adaptan y cambian de opinión; líderes que abrazan nuevas ideas y que crecen junto a las personas que les rodean. Incorporemos estos ocho rasgos y convirtámonos en mejores líderes.

Notas

Introducción

1 Bauman, Z. (2016): *Modernidad líquida*. Madrid, Fondo de Cultura Económica de España.
2 *The 10 skills you need to thrive in the Fourth Industrial Revolution*. World Economic Forum. https://www.weforum.org/agenda/2016/01/the-10-skills-you-need-to-thrive-in-the-fourth-industrial-revolution/.
3 *Millennial careers: 2020 vision*. Facts, Figures and Practical Advice for Workforce Experts. https://www.manpowergroup.com/wps/wcm/connect/660ebf65-144c-489e-975c-9f838294c237/MillennialsPaper 1_2020Vision_lo.pdf?MOD= AJPERES.
4 «Solving the Talent Shortage. Build, Buy, Borrow and Bridge». https://go.manpowergroup.com/hubfs/TalentShortage%202018%20(Global)%20Assets/PDFs/MG_TalentShortage2018_lo%206_25_18_FINAL.pdf?t=1538944138917.
5 21st CEO Survey. The Anxious Optimist in the Corner Office. https://www.pwc.com/gx/en/ceo-survey/2018/pwc-ceo-survey-report-2018.pdf.
6 http://www3.weforum.org/docs/WEF_AM18_Overview.pdf.

Capítulo 1

1 https://www.washingtonpost.com/news/wonk/wp/2013/05/20/only-27-percent-of-college-grads-have-a-job-related-to-their-major/?utm_term=.4cfe50b3c70a.
2 https://expansion.mx/mi-carrera/2009/07/16/el-63-no-trabaja-en-lo-que-estudio.
3 Título de la tesis doctoral: *Principales rasgos de los emprendedores sociales en el ámbito deportivo y análisis de la intención de emprender socialmente en las escuelas de negocio en España*, dirigida por el Dr. Álvaro Fernández Luna, publicada en 2017 y otorgada por la Universidad Europea.
4 En Estados Unidos Medicina no se empieza en el primer año universitario, sino después de haber cursado una serie de créditos que dan acceso a dichos estudios.
5 El concurso está formado por dieciséis participantes que tienen que superar una serie de retos y se votan y eliminan entre sí hasta que quedan dos. En ese momento, todos los que participan votan a su favorito, quien se alza con el premio.
6 Bandura, A. (1977). «Self-efficacy: Toward a unifying theory

159

of behavioral change». *Psychological Review*. 84, 191-21.

7 Díaz-Ridao, P., Fernández-Luna, A. (2015). «Incidencia de la práctica deportiva en el espíritu de emprendimiento social de los estudiantes de escuelas de negocio en España». VI Congreso Interamericano de Economía del Deporte.

8 «From Leonardo da Vinci to Steve Jobs: The Benefits of Being a Misfit». Autores de la serie de oradores de Warton. University of Pennsylvania. http://knowledge.wharton.upenn.edu/article/leonardo-da-vinci-steve-jobs-benefits-misfit/.

9 En Estados Unidos es posible estudiar un doble grado *(dual major)* y las dos carreras que se quiera a la vez o elegir un tema principal *(major)* y uno secundario *(minor)*, lo que permite cursar especialidades muy diferentes entre sí.

10 http://metadeporte.com/begona-sanz-real-madrid-la-mujer-mas-influyente-en-la-industria-del-deporte-en-espana-en-2015/.

Capítulo 2

1 La ciudad de Los Ángeles se encuentra asentada sobre el antiguo pueblo español de Los Ángeles, que a su vez lo hizo sobre el poblado indio de Yangna. Los tongva eligieron este enclave por estar situado junto al río Los Ángeles –al que los españoles llamarían río Hondo–. Siglos más tarde, y conforme la ciudad comenzó a expandirse, las inundaciones ocasionales obligaron a la ciudad a desviar el río, quedando finalmente una ciudad sin su fuente principal de agua y sin vistas al mar. https://www.quora.com/Why-is-downtown-Los-Angeles-so-far-from-the-ocean.

2 Los indios americanos usaban el crudo como lubricante y para sellar las grietas de las canoas. Por su parte, los españoles lo empleaban para sellar sus barcos y como aislante en los tejados de las casas.

3 Los primeros los albergaron en plena crisis nacional por el crac del 29, los segundos en plena Guerra Fría con Rusia.

4 La línea de la vida es una herramienta utilizada en psicoterapia y *coaching* en la que la persona recoge los momentos más importantes de su vida para tomar perspectiva, entender mejor su contexto personal y ayudarla a ver aspectos interesantes sobre su vida y cómo han influido en sus decisiones.

5 Una pieza clave en el cambio de rumbo de LEGO fue el desarrollo de una nueva estructura que permita coordinar sus actividades innovadoras, liderada por un equipo multifuncional, el Executive Innovation Governance Group. Los ejecutivos de LEGO poseen una visión amplia de la innovación, que abarca no solamente la creación de nuevos productos, sino también fijación de precios, desarrollo comunitario, procesos de negocio y canales de venta, siendo todos potentes impulsores del negocio. La empresa reparte las responsabilidades

relacionadas con la innovación entre cuatro grupos de trabajo, y espera diferentes grados de innovación de cada uno. https://hbr.org/2009/09/innovating-a-turnaround-at-lego.

Capítulo 3

1 «Kathrine Swizer: la primera maratoniana». Publicado en *Acento Robinson* el 26 de mayo de 2016.
2 Programa *Acento Robinson* «El amor de mi vida ha sido el golf». 10 de febrero de 2017.
3 Guilford, J. P. (1967): «Creativity: Yesterday, today and tomorrow». *The Journal of Creative Behavior*, 1(1), 3-14.
4 Por normativa de la NBA, un agente no puede representar a jugadores y entrenadores para evitar conflicto de intereses. Por este motivo, cuando Lonnie Cooper firmó la representación de su primer entrenador, tuvo que renunciar a seguir representando a jugadores. De ahí que se especializara en la representación de entrenadores de la NBA.
5 https://www.ifthen.com/news/lonnie-cooper-star-player-sports-marketing-atlanta-business-chronicle-qa.
6 Aquí tienes un ejemplo: https://www.youtube.com/watch?v=KFy0geSQmOw.
7 https://retina.elpais.com/retina/2018/10/15/talento/15396 05921_324568.html
8 https://greatergood.berkeley.edu/article/item/7_ways_to_foster_creativity_in_your_kids https://mashable.com/2011/04/12/creativity-guide/?europe=true

http://www.pascualparada.com/la-creatividad-no-es-un-talento-sino-una-forma-de-proceder/.

Capítulo 4

1 Cohen, B. «The San Antonio Spurs Are Coached to Think for Themselves», publicado en el *Wall Street Journal* el 6 de octubre de 2016.
2 https://en.wikipedia.org/wiki/List_of_NBA_franchise_post-season_streaks.
3 «How and Where Diversity Drives Financial Performance». https://hbr.org/2018/01/how-and-where-diversity-drives-financial-performance. «Cultural Brokerage and Creative Performance in Multicultural Teams»
4 https://pubsonline.informs.org/doi/abs/10.1287/orsc.2017.1162
5 Un estudio de la campaña «Montañas seguras» del Gobierno de Aragón concluye que las principales causas de los accidentes de montaña son la falta de un nivel físico adecuado (35 %) y la sobrevaloración de las posibilidades (33 %), seguidas por la falta de planificación de la actividad (21 %). Sin embargo, la utilización de material inadecuado o defectuoso solo está presente en el 9 % de los salvamentos.

Capítulo 5

1 https://www.buzzfeed.com/fanalopez/despues-del-sismo-estas-mujeres-crearon-el-proyecto.
2 El Real Madrid remontó un 0-2 y un 2-3 en 1956, un 0-1 y un 1-2

en 1958 y un 0-1 en 1960, en 1966 y en 2014.

3 http://www.europapress.es/deportes/futbol-00162/noticia-xavi-inexplicable-real-madrid-no-juega-gana-201802 18132739.html.

4 https://hbr.org/2012/07/how-language-shapes-your-organization

5 No es lo mismo acumular años que experiencia. Como dice mi querido Álvaro Merino, hay gente que acumula muchos años y muy poca experiencia. No es lo mismo quince años de experiencia que un año repetido quince veces. La diferencia está en qué hemos hecho en esos quince años. En qué hemos aprendido y en cómo hemos evolucionado. No debemos darlo por hecho.

Capítulo 6

1 http://www.revistainsight.es/locus-de-control/

2 Mojena, G. M., y Ucha, F. E. G. (2002). «Burnout, locus de control y deportistas de alto rendimiento». Cuadernos de psicología del deporte, 2(2).

3 «Creativity in the Wild: Improving Creative Reasoning through Immersion in Natural Settings» https://journals.plos.org/plosone/article/file?id=10.1371/journal.pone.0051474 &type=printable
Hiking Makes You Smarter: https://www.backpacker.com/skills/hiking-makes-you-smarter#bp=0%2Fimg1

4 En uno de los estudios de mi tesis doctoral, los estudiantes que mostraban mayores niveles de locus de control interno también mostraban una mayor probabilidad de crear una empresa en los próximos cinco años.

5 Begley, T. M. (1995): «Using Founder Status, Age of Firm, and Company Growth Rate as the Basis for Distinguishing Entrepreneurs from Managers of Smaller Businesses». Journal of Business Venturing, 10, 249-263

6 Rothmann, S., & Coetzer, E. P. (2003): «The big five personality dimensions and job performance». SA Journal of Industrial Psychology, 29(1), 68-74.

7 Barrick, M. R., & Mount, M. K. (1991): «The big five personality dimensions and job performance: a meta-analysis». Personnel psychology, 44(1), 1-26.

8 https://laopinion.com/2013/07/10/guardiola-usa-la-tecnica-confesionario-con-sus-jugadores-del-bayern/

9 Invito a que el lector vea la primera rueda de prensa de Guardiola en el Bayern de Múnich y la primera de Emery tanto en el PSG como en el Arsenal. Pese a estar recién aterrizados, todas ellas las realizaron en el idioma local, en lo que fue no solo un bello gesto con sus clubes y su afición, sino también una clara muestra de vulnerabilidad y de voluntad por conectar con los demás pese a sus carencias.

10 Myers, D. G., & Diener, E. (1995): «Who is happy?». Psychological Science, 6(1), 10-19.

11 Pannells, T. C., & Claxton, A. F. (2008). «Happiness, creative ideation, and locus of control». Creativity Research Journal, 20, 67-71.

Capítulo 7

1 Zunzunegui, M. V., Belanger, E., Benmarhnia, T., Gobbo, M., Otero, A., Béland, F., ... & Ribera-Casado, J. M. (2017). Financial fraud and health: the case of Spain. *Gaceta sanitaria*, 31(4), 313-319.
2 https://www.cnbc.com/2017/01/18/interview-with-william-from-the-world-economic-forum-2017.html
3 https://www.gastroeconomy.com/2013/05/la-historia-de-el-celler-de-can-roca-en-20-puntos/

Capítulo 8

1 La película, estrenada en 1995, fue dirigida por el maestro Emir Kusturica y obtuvo numerosos premios, entre ellos la Palma de Oro del Festival de Cannes.
2 Preston, S., & de Waal, F. (2002): «Empathy: its ultimate and proximate bases». *Behavioral and Brain Sciences, 25*, 1-20. http://dx.doi.org/10.1017/S0140525X02000018
3 https://www.ted.com/talks/amy_cuddy_your_body_language_shapes_who_you_are?language=es
4 Matsumoto, D. & Hwang, H. (2011): *Reading facial expressions of* emotion. http://www.apa.org/science/about/psa/2011/05/facial-expressions.aspx
5 Ekman, P. (2003): *Emotions revealed* (2ª ed.). New York: Times Books.
6 https://www.paulekman.com/wp-content/uploads/2013/07/Universals-And-Cultural-Differences-In-The-Judgment-Of-Facia.pdf

7 https://www.psychologytoday.com/us/blog/threat-management/201303/i-dont-feel-your-pain-overcoming-roadblocks-empathy
8 De difícil traducción dados sus matices, *togetherness* podría definirse como el sentimiento de unidad, compañerismo y fraternidad que existe en determinados grupos y personas.
9 Bergholz, L., Stafford, E., & D'Andrea, W. (2016): «Creating trauma-informed sports programming for traumatized youth: Core principles for an adjunctive therapeutic approach». *Journal of Infant, Child, and Adolescent Psychotherapy*, 15(3), 244-253.
10 Vossen, H. G., & Valkenburg, P. M. (2016): «Do social media foster or curtail adolescents' empathy? A longitudinal study». *Computers in Human Behavior*, 63, 118-124.
11 Alloway, T., Runac, R., Qureshi, M., & Kemp, G. (2014): «Is Facebook linked to selfishness? Investigating the relationships among social media use, empathy, and narcissism». *Social Networking*, 3(03), 150.
12 Valkenburg, P. M., Sumter, S. R., & Peter, J. (2011): «Gender differences in online and offline self-disclosure in pre-adolescence and adolescence». British Journal of Developmental Psychology, 29, 253-269. http://dx.doi.org/10.1348/2044-835X.002001.
13 Entrevista completa en https://elpais.com/elpais/2018/08/20/eps/1534781175_639404.html
14 Puedes ver el documental Madrid-Lisboa 2016 de Valentí Sanjuan aquí: https://t.co/zq3E2Cxs1j

Agradecimientos

Este libro ha sido posible gracias al apoyo y la colaboración de muchas personas. Sabiendo que es probable que me deje a varias de ellas y pidiéndoles disculpas de antemano, me gustaría enviar un mensaje de agradecimiento a las siguientes personas:

A toda la comunidad de la Escuela Universitaria Real Madrid y especialmente a su directora general, Mercedes Hernández Marrero, y a su directora académica, Raquel Esteban, por creer ciegamente en este libro como herramienta de difusión de valores y de generación de mejores líderes. Gracias también a la Universidad Europea y especialmente a Francisco López, decano de la Facultad de Ciencias de la Actividad Física y el Deporte.

A Emilio Butragueño, tanto por su prólogo como por la generosidad y ejemplo en la dirección de la escuela.

A todas las personas entrevistadas en el libro: Ethan Zohn, Óscar Sánchez, Emilio Butragueño, Edouard Legendre, Miguel Silvestre, Antonio de la Rosa y Lonnie Cooper. Gracias por sacar tiempo de donde no lo había para conversar conmigo. Es sin duda de las cosas más gratificantes que me llevo de esta aventura.

A Laura Madrigal y a todo el equipo de LID Editorial que ha hecho posible que este libro sea una realidad.

A Adam Grant y Jonah Berger, por responder al correo de un desconocido invitándoos a intercambiar impresiones sobre mi investigación. Los mejores líderes lo son por algo...

A todos los alumnos y alumnas que he tenido en estos años. Estudiantes de todas partes del mundo que me habéis enseñado mucho más de lo que yo os he enseñado a vosotros.

A los participantes que he tenido en mis trabajos de consultoría y formación en la empresa, porque las aplicaciones prácticas que se pueden extraer del libro, al igual que muchas historias, han sido posible gracias a lo que he vivido con vosotros.

A Rachida Justo, por sacar tiempo hace casi una década para escuchar las inquietudes de un joven que quería investigar sobre el emprendimiento social desde una perspectiva diferente: el deporte y las experiencias vitales.

A Caroline Jerôme, por hacerme ver (o creer) que era mejor líder de lo que pensaba cuando me animaste a presentar mi proyecto al premio de la International Youth Foundation.

A mis compañeros de carrera por ofrecerme su ayuda en todo momento. Poco me queda ya por deciros que no os haya dicho. Qué afortunado me siento...

A Martha Saavedra, por abrirme un mundo de posibilidades en aquella asignatura de UC Berkeley llamada *Sports, Politics and Development*. Hubo un antes y un después en mi vida desde aquel curso.

Al equipo de 3'59 por regalarme una familia con la que convivo y disfruto desde hace años. El trabajo es solo consecuencia de lo anterior. Mención especial para Ana, por las dosis de amor que nos brindas en cada conversación y por lo mucho que aprendo a tu lado.

Y me gustaría agradecer especialmente a cuatro personas que han hecho posible este libro:

A Luis de la Riva, porque sin tu apoyo diario en la investigación, este libro no habría sido posible. Si tenerte como alumno fue un regalo, tenerte como compañero es una verdadera suerte. Y esto solo acaba de empezar...

Á Álvaro Fernández Luna, por tu paciencia al permitirme compaginar la vida de consultor con la de doctorando, por ser el mejor director de tesis que podía tener y, sobre todo, por mostrarme cada día con tu ejemplo que ser mejores líderes va de ser mejores personas. Gracias.

A Álvaro Merino, porque dicen que quien tiene un amigo tiene un tesoro. Y quién tiene un amigo y un referente, ¿entonces qué tiene? Pues a Álvaro Merino. ¡Qué suerte tenerte cerca y qué ganas de seguir construyendo proyectos junto a ti!

A mi revisora, confidente, esposa y, sobre todo, apoyo incondicional. Sabes que este libro también es tuyo porque te ha tocado sufrirlo mucho más que a mí. Gracias por esa generosidad, y ojalá puedas decir lo mismo de mí en el futuro. Y gracias por extensión a mi familia, por estar siempre ahí, por estar siempre aquí, conmigo.